Hilke Lorenz

Weil der Krieg unsere Seele frisst

Hilke Lorenz

Weil der Krieg unsere Seele frisst

Wie die blinden Flecken der Vergangenheit bis heute nachwirken

Ullstein

Inhalt

Meinen Eltern

Vorwort

Es war ein kurzer Satz. Acht Worte nur. Aber die ließen ein ganzes Leben auf eine einzige existentielle Erfahrung zusammenschnurren. »Sie sind doch hier nicht auf der Flucht«, hatte der junge Physiotherapeut zu seinem Patienten gesagt – einem Mann hoch in den Siebzigern. Der alte Herr, dem ein Schlaganfall die Beweglichkeit in seinem rechten Bein geraubt hatte, zuckte zusammen. Aus Sicht des Therapeuten hatte er zu hastig versucht, einen Fuß vor den anderen zu setzen – und war gestolpert. Der Therapeut hatte mit seinem flapsigen Kommentar die Situation entkrampfen wollen. Er erreichte genau das Gegenteil.

»Sie sind doch hier nicht auf der Flucht«, diese Worte hallen seit jener Therapiestunde nach im Kopf des alten Mannes. Mit diesem Satz hatten ihn die Erlebnisse seiner Kindheit, einer Zeit, in der die Fähigkeit, weglaufen zu können, so überlebenswichtig gewesen war, eingeholt. Es gab kein Entkommen. Ein Leben lang hatten seine Beine ihn verlässlich getragen: erst zwar unfreiwillig weg aus seinem Heimatdorf in Schlesien in ein neues Leben; dann aber doch von Lebensstation zu Lebensstation. Von der Lehre ins Studium, im Anschluss daran zu einer großen Firma mit internationalem Ansehen. Und in der Freizeit immer wieder in die nahe und ferne Natur. All das war seit dem Schlaganfall vorbei. Nun war er auf die Hilfe anderer angewiesen. Der arglos ausgesprochene Satz des jungen Mannes hatte ihm seine Hilflosigkeit schonungslos vor Augen geführt. Ein alles niederdrückendes Lebensgefühl breitete sich in ihm aus.

Dabei hätte die Episode auch ganz anders verlaufen können: Ein Blick des Therapeuten in die Krankenakte des Patienten hätte genügt, um zu sehen, dass dessen Geburtsort in einem Landstrich liegt, der heute polnisch ist. Ein wenig Einfühlungsvermögen in die Lebensläufe der heute Siebzig- und Achtzigjährigen, ja vielleicht auch nur die nötige Professionalität im Umgang mit der Kriegsgeneration hätten diese zusätzliche Verletzung vermeidbar gemacht. Der junge Mann hätte nur eins und eins zusammenzählen müssen, um zu begreifen, dass der Verlust der Mobilität diesen Patienten auf eine ganz besondere Art und Weise trifft, die in seiner Biographie als Kriegskind begründet liegt – in seinem Fall in der Erfahrung von Flucht und Vertreibung.

Wie jenem alten Mann geht es vielen seiner Zeitgenossen. Im Alter werden sie in unzähligen Situationen mit dem Kind, das sie einmal waren, und den prägenden Erfahrungen, die sie damals gemacht haben, konfrontiert. Die Menschen, die den Zweiten Weltkrieg als Kinder erlebt haben, müssen mit jedem Jahr, das sie älter werden, einen Teil ihrer Autonomie aufgeben. Eine ganze Generation, die der einstigen Kriegskinder, wird allmählich pflegebedürftig. Sie braucht Unterstützung und Begleitung, im häuslichen Bereich, in Pflegeheimen, Krankenhäusern oder Hospizen. Das ist der ganz normale Lauf der Dinge, könnte man meinen. Und doch gibt es etwas, das diese Generation unterscheidet – von uns Heutigen etwa, die wir auch eines Tages alt und gebrechlich sein werden. Sie braucht Verständnis, Menschen, die wissen, welche historischen Prägungen sie im Krieg erfahren hat. Die

Generation der Kriegskinder ist allzu oft durch das Raster gefallen. Nach dem Krieg musste man zusehen, dass das Land wieder aufgebaut wurde, für Verletzungen und Traumata war kein Platz. Bei den damaligen Eltern nicht, bei den Kindern schon gar nicht. Man hatte sich in das Neue zu fügen, musste funktionieren. Erinnerungen wurden weggeschoben, verdrängt. Nun bahnen sie sich mit aller Macht ihren Weg.

»Der Zweite Weltkrieg ist bei uns allgegenwärtig«, beschreibt die Leiterin eines Altenwohnheims den Alltag. Sie weiß, dass alte Ängste wieder zum Leben erweckt werden können, wenn etwa ein russisch oder polnisch sprechender männlicher Pfleger für die Körperpflege einer Heimbewohnerin zuständig ist. Zu viele Frauen und Mädchen waren damals Opfer männlicher Gewalt geworden. Der Krieg, der 67 Jahre zurückliegt, drängt unübersehbar zurück in ihr Leben. Und er zeigt seine Fratze oft genug in Situationen, in denen man nicht damit rechnet. Ein nichtiger Anlass, eine eigentlich banale Situation – und alles ist wieder da, was über Jahrzehnte sorgsam unter Verschluss gehalten worden ist.

In der erinnerungspolitischen Debatte der Bundesrepublik hat der Zweite Weltkrieg inzwischen seinen angemessenen Platz bekommen, auch wenn es Jahrzehnte gedauert hatte, bis diese Debatte überhaupt in Gang gekommen war. Es ist ausdiskutiert, was gut und was böse war und dass es viele Grautöne dazwischen gibt. Es herrscht Einvernehmen darüber, dass es auch in einem Volk der Täter Leidtragende des Krieges geben kann – unabhängig von der historischen Schuld. Doch diese theoretische Erkenntnis muss nun auch ihren praktischen Niederschlag im Leben finden. In unserem Umgang mit der Generation der Kriegskinder.

Das scheint schwer, da die Deutschen gerade aus ihren schlimmen historischen Erfahrungen heraus ein Volk von

Pazifisten geworden sind. Sie haben ihre Lektion gelernt. Aber mit der rigorosen Ablehnung von Krieg und Gewalt scheint auch das Verstehen und Nachdenken über die Wirklichkeit des Krieges und seiner Folgen aus dem Denken und Fühlen verbannt worden zu sein. Das macht es denen schwer, sich Gehör zu verschaffen, deren Stimmen leiser und kraftloser werden. Umso wichtiger ist es, Andeutungen zu verstehen und genau hinzuhören. Denn auf frühe Verluste folgt oft eine späte Trauer. Und wer nachfragt, der weiß, dass die letzten Zeitzeugen des Krieges, ohne lange nachdenken zu müssen, von Bombennächten, der Angst um den Vater, der Sehnsucht nach Geborgenheit in diesem Grauen und vom Verlust aller Gewissheiten erzählen können. In ihren Seelen hat sich der Krieg mit seinen zahllosen Facetten, die den Einzelnen über die Grenzen des Erträglichen hinaus überforderten, in Schichten abgelagert wie in einem Sedimentgestein. Die Geschwindigkeit, mit der die Erlebnisse freigelegt werden können, zeigt, wie allgegenwärtig sie unter dem Firnis der Gegenwart sind. Auch 67 Jahre nach Kriegsende. Mal bereiten sie mehr, mal weniger Schmerzen. Den Schlaf der Nacht können sie allemal noch immer rauben. Bei dem einen sorgt das für Unruhe, was er erlebt hat, bei dem anderen das, was der Krieg an blinden Flecken des Nichtwissens hinterlassen hat. Nicht selten ist das Nichterlebte genauso kräftezehrend wie das Erlebte. Das Fehlen eines Vaters, das ein letzter vom Schlachtfeld geschriebener Brief auf ewig markiert, wirkt fort bis in die Einsamkeit des Alters und bekommt dort neue Wirkkraft. Die Suche nach der in Kleinkindtagen aus dem Leben verschwundenen Mutter kann Rastlosigkeit bis ins fortgeschrittene Lebensalter mit sich bringen. Nichts ist für immer vorbei. Es sucht sich nur einen neuen Weg ans Tageslicht. »Weil der Krieg unsere Seelen aufgefressen hat«, sagte vor nicht allzu langer Zeit ein Mann, der den Krieg als Kind erlebt hat, auf meine Frage, warum es so schwer sei, über diese Verletzungen zu sprechen. Er brachte damit die Gefühlslage einer ganzen Generation auf den Punkt.

In die Schmerzzone gelangt man dennoch mit einem Wimpernschlag. Doch viele Familiengeschichten, um die die Gedanken dann kreisen, sind bis heute nicht vollständig erzählt worden. Und je lückenhafter sie überliefert sind, desto massiver drehen sich die Gedanken auch der Nachkommenden um die blinden Flecken in der Familienbiographie. Das emotionale Beben vererbt sich, stellt doch der Krieg die größte existentielle Erschütterung überhaupt dar. Keine Familie ist damals verschont geblieben. Und die Geschichte geht weiter. Seit über einem Jahrzehnt sind deutsche Soldaten wieder im Einsatz. Am Hindukusch, in Afghanistan. Offiziell ist der ISAF-Einsatz keine kriegerische, sondern eine friedenssichernde Mission. Aber das, was Veteranen berichten, und die seelischen Erschütterungen, mit denen sie kämpfen, hat kriegerische Dimensionen. Wieder gibt es Kriegswitwen und Kriegswaisen, Begriffe, die wir nach dem Ende des Zweiten Weltkriegs für Relikte der Vergangenheit hielten. Der Krieg kommt wieder in das Leben der Menschen. Als reichte nicht schon das, was an Erfahrungen und Prägungen in Umlauf ist.

Hilke Lorenz im Juli 2012

Trostlosigkeit

Wie Kathi Lemberger als Kriegswaise in der Familie ihrer Tante wie eine Tochter aufgenommen wurde, dennoch aber ein Leben lang nicht verwinden kann, dass ihre Mutter sich für den Freitod und nicht für ein Leben mit ihr entschieden hat.

Barbara Hoff sitzt in dem Haus, in das ihre Familie vor 51 Jahren eingezogen ist. Damals war es ein Neubau, hochgezogen am Rande der Stadt im Rahmen eines Wohnprojekts für kinderreiche Familien. Ein geräumiges, aber schnörkelloses und funktionales Haus mit zwei Stockwerken, umgeben von lauter Häusern, in denen ebenfalls vielköpfige Familien lebten. Rechts cine kleine Welt, links eine kleine Welt – getrennt nur durch jeweils eine Wand. Ein halbes Jahrhundert später hat sich das Viertel verändert, es ist von einer vitalen Familiensiedlung zur ruhigen Wohngegend für ältere Herrschaften geworden. Die Kinder von damals haben längst eigene Familien gegründet, kleinere meist, einige sind weggezogen.

Nicht so Barbara Hoff. Sie lebt noch immer hier mit zwei ihrer Geschwister, trägt sogar einen Teil der Kleider ihrer Mutter auf. Sie tut das, weil die Sachen noch gut sind. Aber auch, weil ihr Job bei der Volkshochschule ihr keine großen Sprünge erlaubt. Beim Erzählen stützt sie die Hände auf den Tisch und blickt offen unter dem Pony ihres Pagenkopfes hervor. Neun Jahre war sie alt, als die Familie in das neue Haus einzog. Sechzig Jahre alt ist sie jetzt. Weggezogen ist sie nie, sie ist dem Ort treu geblieben, an dem beide Eltern ihren Lebensabend verbracht haben. Barbara, ihr Bruder und eine weitere Schwester haben sie in der letzten Phase gepflegt. Sie haben nicht viel verändert seither. Im Garten hat die Natur die Oberhand gewonnen, durch das Fenster im Wohnzimmer fällt nur noch wenig Licht. Das Haus birgt viel Vergangenheit. An den Wänden hängen Fotografien, die ihren angestammten Platz noch nie verlassen zu haben scheinen. Wo man hinschaut, blicken Überreste eines prallen Familienlebens zurück, die durch nichts Neues ersetzt worden sind. Im Wohnzimmerschrank stehen Bilderkisten mit den Fotografien der Eltern. Wie in vielen Familien sind die Bilder Jahr um Jahr etwas weiter nach unten gewandert, unbeschriftet, wurden von neuen Aufnahmen überdeckt. Niemand hat daran gedacht, dass irgendwann jemand die Kartons öffnen wird, der die Namen und Verwandtschaftsbeziehungen der Menschen auf den Bildern nicht mehr zuordnen kann. Die Vergangenheit entgleitet, obwohl man ihre Relikte in Händen halten kann. Ohne Dolmetscher bleiben Fotos und andere Zeugnisse unverständlich. Das Wissen über Gewesenes schwindet. Blinde Flecken breiten sich in den Familiengeschichten aus. Wenn Barbara Hoff die Bilder betrachtet, kann sie nur eines mit Sicherheit sagen: dass im Leben der Mutter ein großer Kummer mitschwang.

In den Regalen des Hauses drängen sich die Bücher, die der Vater früher regelmäßig mitgebracht hat. Er las die Literatur seiner Zeit, Heinrich Böll zum Beispiel. Und er wollte, dass auch seine Kinder lesen. Zu seinen Büchern haben die Kinder im Lauf der Jahre die ihrigen gestellt. Alte Bastelarbeiten kleiner Hände erinnern an erste Versuche, ein Stückchen Welt zu gestalten. Hier, verraten die Relikte, haben die Großen sehr genau verfolgt, was aus dem Nachwuchs wird. Das Haus atmet noch den Respekt vor den ersten Schritten ins Leben und strahlt zugleich die Erwartung aus, dass man sich dabei aber auch anstrengt, alles gut und richtig zu machen. Die Umtriebigkeit von einst, das Lebendige, das damals das Haus erfüllt haben muss, ist längst versiegt. Stumme Zeugen des Lebens in der Großfamilie.

Früher waren sie – ja zu wievielt eigentlich? Die Anzahl der Geschwister ist leicht abzählbar, und doch ist da eine leichte Unsicherheit hörbar, je nachdem, wen man fragt und wie man fragt. »Ich habe zwei Schwestern und drei Brüder«, sagt Barbara Hoff. Sie waren also sechs. »Ich habe schon auch fünf Geschwister«, sagt ihre älteste Schwester Kathi. Die Worte gehen ihr nicht ganz so leicht über die Lippen. Da sei irgendetwas gewesen, weshalb sie sich oft als störend empfunden habe.

Kathi sitzt in der schönen neuen Wohnung, in die sie vor ein paar Jahren mit ihrem Mann gezogen ist. Aus ihrem Reihenhaus sind sie, nachdem die Kinder erwachsen waren, in eine altersgerechte Wohnung im Erdgeschoss übergesiedelt. Der moderne Schnitt und die elegante Ausstattung stehen in einem eigentümlichen Kontrast zu den schweren, alten, dunklen Möbeln, die Kathi Lemberger schon ein halbes Leben lang begleiten. Es sind Erbstücke der Eltern ihrer Mutter. Sie hätte sich gerne von ihnen getrennt. Aber ihr Mann mag das alte Büfett und pflegt es. Auch die Art-déco-Stühle seiner Eltern hat er selbst restauriert. Albrecht Lemberger ist ein Bewahrer.

Eine gute halbe Stunde Autofahrt trennen die Welten von Barbara Hoff und Kathi Lemberger heute. Die große Schwester ist aufgeregt, ihre Stimme mit dem schwäbischen Einschlag wird manchmal leiser, wenn sie sich allzu weit vorwagt. Als hätte sie Angst, undankbar zu erscheinen, sollte sie allzu viel mitteilen.

Kathi Lemberger war vor allen anderen da. Und trägt als

Die Bilder der Verstorbenen zierten die Wohnzimmerwand.

Einzige schon als Kind einen anderen Nachnamen. Sie ist ein angenommenes Kind, eine geborene Waldeck. Als kurz nach ihrem Vater 1945 auch noch die Mutter aus ihrem Leben verschwindet, gibt es nicht viel darüber zu diskutieren, wo sie unterkommen soll: natürlich bei ihrer Tante Emilie. Kathis Vater Hermann war schließlich deren Lieblingsbruder. Emilie Hoff ist das einzige Kind von drei Geschwistern, das den Krieg überlebt. Ihre beiden Brüder sterben als Soldaten. Einer im Osten, der andere in Frankreich. Dort, wo Emilie lebt, im Schwarzwald, fallen keine Bomben. Jedenfalls fast keine. Es ist ganz anders als in den Städten. Aber eine der wenigen Bomben, die doch hier abgeworfen werden, trifft das Haus, in dem Emilie und ihre Mutter wohnen. Es geht glimpflich ab, auch wenn ein Teil des Hauses eine Zeitlang unbewohnbar ist. Damals heißt so ein Ungemach: noch mal Glück gehabt.

Auch Emilies Ehemann ist noch in der Heimat. Er arbeitet als Mathematiker an einem entfernten Institut, gilt als unabkömmlich und entgeht so dem Kriegsdienst. Allerdings ist auch er, wie ein Soldat, so gut wie nie zu Hause. So gibt es dort ein wenig mehr Raum und ein wenig mehr Zeit.

Mit 25 Jahren nimmt Emilie Hoff die Tochter ihres Bruders bei sich auf. Genau genommen ist Kathi also nicht die Älteste der Geschwister, sondern die Cousine der anderen. Eines der Fotos in der Kiste zeigt die Wohnstube der Nachkriegsjahre. Die Wand zieren zwei Bilder – eines von Emilie Hoffs Bruder Ludwig, das andere von ihrem Bruder Hermann, Kathis Vater. Emilie vermisst ihre Brüder, schmerzlich und tagtäglich. Daran ändert auch der Lauf der Zeit nichts. Der Krieg war ein paar Jahre durch das alltägliche Grauen gegenwärtig und dann jahrzehntelang durch die Lücken spürbar, die er gerissen hat. Kaum jemand kommt ohne Verluste in den Frieden. Auch Barbara Hoff spricht von »meinen vielen Toten«. Und sie versteht nicht, dass sich das Land auf das Wagnis in Afghanistan einlässt. Wo doch jede Familie in Deutschland ihre schlimmen Kriegserfahrungen gemacht habe. Jede auf ihre Weise. Kathi Lemberger ganz unmittelbar als Waise, Barbara Hoff als onkelloses Kind einer ewig trauernden Mutter.

»Meine vielen Toten …« Wenn Barbara Hoff dies sagt, liegt in ihren Worten keine Erdenschwere. Sie beschreiben eine Tatsache, eine Eigentümlichkeit des Familienstammbaums, dem früh einige Äste abgehackt wurden. Die Brüder der Mutter hat sie selbst nie kennengelernt. Es ist nicht ihre eigene Trauer, die da als Harz am Stumpf der Äste klebt. Was in ihrer Stimme mitschwingt, ist ein Nachhall der Trauer ihrer Mutter. Barbara Hoff schmerzt nicht das Fehlen der Onkel, deren Gesichter sie nur von Momentaufnahmen kennt. Auf Fotopapier gebannt und sorgsam verstaut in der Bilderkiste. Was sie schmerzt, ist die Verwundung der Mutter durch diese Verluste. Seit ihrem Tod allerdings verblassen die Erinnerungen aus zweiter Hand von Jahr zu Jahr ein bisschen mehr, die Erzählungen über Ludwig und Hermann klingen leiser nach in ihrem Kopf. Kathi ist heute ihre Verbindung in die Vergangenheit. Deren eigene Erinnerungen reichen noch zurück bis in die Kriegszeit. Auch Kathi hat, wenn sie von den Verwerfungen in ihrem Leben erzählt, mehr als ihr eigenes Schicksal vor Augen. Auch ihr geht das Thema Krieg, das inzwischen wieder mit den Nachrichten durchs Wohnzimmer flackert, nicht gleich aus dem Sinn, wenn die neueste Meldung verlesen ist. »Es geht doch nicht nur um die Toten«, sagt sie. »Wer denkt denn an die Frauen und Kinder, die zurückbleiben und die weiterleben müssen ohne ihre Väter und Brüder oder Mütter?«

Diese Worte kommen tief aus ihrem Inneren. Die Gewissheit, dass dem Krieg etwas entgegengesetzt werden muss, lebt sie. Sie engagiert sich in einem kirchlichen Arbeitskreis, will die Augen vor dem heutigen Leid nicht verschließen. Ihr eigenes Schicksal macht sie wachsam. Es hält in ihr eine Verpflichtung aufrecht, das Gute, das sie erlebt hat, an andere weiterzugeben. Kathi Lemberger weiß, was sich hinter der lapidaren Meldung, dass ein Soldat gefallen ist, verbergen kann: Zurückgelassene wie sie.

Lange Jahre hat sie sich gehütet, an diese Erfahrung zu rühren. »Ich wusste, wenn ich diese Schleuse öffne, werde ich weggespült. Das ist der Grund, warum ich es lieber gelassen habe«, sagt sie. Ihr halbes Leben lang ist sie eine strenge Schleusenwärterin geblieben.

Zur Welt gekommen ist sie, als der Zweite Weltkrieg gerade einen Monat alt ist, in Passau. Fern der übrigen Familie.

Kathi, als die Welt in Passau noch in Ordnung war

Ihr Vater hatte dort noch in Friedenszeiten eine Stelle als Postinspektor angenommen und war vom Württembergischen nach Niederbayern gezogen. Dort hatte er seine spätere Frau kennengelernt. Die beiden siedelten in eine Wohnung am Rande der Stadt um. Im Tagebuch von Kathi Lembergers Mutter steht: »Abends um sechs ist unsere Kathi geboren. Ein kleines Mädel, arg mitgenommen durch die Geburt. Ein Leben beginnt. Wird's reich, wird's arm werden?« Was sie nicht ahnen kann: Der Krieg wird in diesem Leben die entscheidenden Weichen stellen.

Kathis Schwester Barbara hingegen ist ein echtes Nachkriegs-, ein Friedenskind, geboren 1951. Zwischen den prägenden Erfahrungen der beiden Frauen liegen Welten. Viele Dinge, an die Kathi sich noch erinnert, sind für Barbara fremd. Die Beschäftigung des Kriegskindes mit der Vergangenheit ist zwangsläufig eine andere als die der jüngeren Schwester. Die Vergangenheit, das ist auch jenes Monstrum, das Kathis Vater und Mutter gefressen hat.

Kathi Lemberger umgibt die Vergangenheit darum nicht so selbstverständlich wie Barbara Hoff, die – auch im Wortsinn – im Haus ihres Lebens wohnt, dem Ort, an dem sich Schicht für Schicht ihre Persönlichkeit herausgebildet hat. Kathi muss diese Schichten erst einmal freilegen und verstehen. Was dabei nach oben kommt, ist oft schmerzhaft.

Bei ihrer leiblichen Mutter hat der Krieg Wesenszüge zutage treten lassen, die in Friedenszeiten nicht zwangsläufig tödlich gewesen wären. In bestimmten Ausnahmemomenten ist sie nicht mehr die fürsorgliche Mutter, sondern nur noch die Schicksalsgefährtin ihres Mannes. Eine fast hörige, nihilistische, jedenfalls alles andere verneinende Liebe verbindet sie mit diesem Postbeamten, der für die Wahnideen der Nazis vom fehlenden Lebensraum und der arischen Überlegenheit in den Krieg ziehen muss. Erhält er Heimaturlaub von der Front, kommt es zu Phasen absoluter Zweisamkeit. Kathi muss dann zur Nachbarin umziehen. Das Mädchen mag die Stunden auf dem Bauernhof bei der einfachen, aber als lebensklug erinnerten Frau. Bei ihr ist Wärme. Kathi kann aber auch die Momente in sich aufrufen, in denen die Sehnsucht nach dem Vater durch diese Wärme nicht kompensiert werden kann. Eine solche Szene kann sie sich noch immer jederzeit vor Augen rufen. Es ist ein Tag, an dem sie partout nicht hinwill zur Nachbarin. Der Vater ist wieder auf Heimurlaub gekommen. Gerade hat er die Tür aufgeschlossen. Sie ist zu ihm gesprungen, er hat sie hochgenommen und ganz fest gedrückt. Doch kaum war diese Begrüßung vorbei, hat die Mutter ihr den Mantel angezogen und ist mit ihr zur Nachbarin gegangen. Hier sitzt Kathi nun und wartet, dass die Mutter sie wieder abholt. »Du störst jetzt nur«, hat sie auf ihr Quengeln, warum sie ausgerechnet jetzt wegmüsse, geantwortet. Das will in den kleinen Kopf nicht hinein. Die Mutter schreibt später in ihr Tagebuch an Kathi: »Du bist aus unserem Bund entstanden, aber du gehörst nicht dazu.« Der Satz deutet nicht nur an, dass Kathis Mutter bei den Heimaturlauben des Vaters verständlicherweise ungestörte Momente mit dem Ehemann in einer hellhörigen Wohnsituation suchte. Dieser Satz gibt auch einen ersten Hinweis auf die Besessenheit der jungen Frau, die sich tragisch entwickeln sollte.

Die Worte klingen Jahrzehnte später immer noch sehr bitter in den Ohren Kathi Lembergers. Selbst in der heute 72-Jährigen gärt die Zurückweisung, das Nicht-dazu-Gehören. Dieser Satz fasst das nicht mehr weichen wollende Gefühl, von allen anderen als störend empfunden zu werden, in wenigen Worten zusammen. Sie genüge fremden Ansprüchen nicht, sie sei es nicht wert, dass man Zeit mit ihr verbringe – dieses Gefühl überfällt Kathi Lemberger noch immer gelegentlich.

Einmal geweckt, hat sich das Misstrauen gegen vermeintliche Bindungen nie mehr gelegt. Immer neue Erfahrungen haben es verstärkt. Aus dem letzten Kriegswinter etwa ist Kathi solch eine Kränkung in Erinnerung. Den Anlass für die damalige Gehorsamsübung hat sie vergessen, das Drumherum aber noch ganz genau vor Augen: Die Tür ist verriegelt, und dunkel ist es. Kathi sitzt in einer Kammer auf dem Dachboden und soll sagen, dass ihr etwas leidtue. Die Mutter will das. Andernfalls müsse das Kind weiter in Kälte und Dunkelheit verharren. Dass sie wieder ein liebes Mädchen sein will, soll sie auch noch beteuern. Stundenlang geht dieser Kampf. Kathi starrt vor sich hin. Die Zeit schleicht. Aber die Entschuldigung will ihr nicht über die Lippen. Sie will das Verlangte nicht sagen und tut es auch nicht. Mit der ganzen Kraft ihrer fünf Lebensjahre stemmt sie sich gegen die Floskeln, die sie aus ihrer Einsamkeit befreien würden. Sie widersteht der Verlockung, zur Mutter zurückzudürfen. Die Szene mutet im Rückblick wie die unbewusste Vorbereitung auf das Alleinsein in einer Welt ohne Mutter und Vater an.

In der Kälte unter dem Dach kann Kathi an den Vater denken, an den die Mutter unten auch an diesem Tag noch einen Brief schreibt. Beide warten auf seine Rückkehr, auf ein Ende der fremdbestimmten Unterbrechung des Familienlebens. Die Eltern sind, wie viele Deutsche, von der Propaganda noch immer durchdrungen. Sie glauben an Sinn, Gerechtigkeit und Gewinnbarkeit dieses Krieges. Gleichwohl erinnert sich Kathi an einen Streit der Eltern. Bei einem seiner Fronturlaube hatte der Vater gesagt: »Am Ende sind wir alle Mörder.« Zweifelte er also doch schon an der hitlerschen Sache? Kathi hat damals nicht begriffen, ob es da um die Haltung der Eltern zum Führer, zum Krieg, zu den Hakenkreuzwerten der Jubelvermelder im Rundfunk ging. Was sie noch weiß, ist, dass sich die Eltern trotz bestehender oder bröckelnder Linientreue nach dem Frieden sehnen. Beide wollen dann etwas ganz anderes tun. Der Offizier will nicht mehr zurück in die Amtsstube des Postoberinspektors. Er will seinen künstlerischen Neigungen folgen, malen und philosophische Traktate schreiben. Die Post und Passau, das war nur der materiellen Not geschuldet. Weil er schnell Geld verdienen musste nach dem frühen Tod des Vaters, hatte er sich für eine Laufbahn dort beworben. Einziges Glück in diesem falschen Leben: Er hatte seine zukünftige Frau getroffen. Nach dem Krieg soll alles anders, richtiger, authentischer werden. Die Trennung zwischen Pflicht und Neigung soll fallen. Nur die Zeit bis dahin müssen sie noch überstehen, seine Frau, seine Tochter und er.

Von der Tochter indes weiß er in jenen Monaten an der Front nicht viel. Nur das, was die Mutter schreibt. Am 8. Januar heißt es in einem Brief: »Kathi hat es den ganzen Tag nicht fertiggebracht, für eine arge Ungezogenheit um Verzeihung zu bitten oder nur zu sagen: Ich will wieder lieb sein. Obwohl ich's ihr wirklich leicht gemacht habe. Ihr macht es gar nichts aus zu trutzen, und ich hätte heulen können, so weh tut mir so ein trauriger Tag.« Kathi sei verstockt und schwierig.

Der Vater wird von dieser kleinen Katastrophe nichts mehr erfahren. Der Brief kommt ungeöffnet nach Passau zurück, mit einem Stapel anderer. »Gefallen für Großdeutschland«, mit diesem nüchternen Vermerk hat eine Wehrmachtstelle die Umschläge abgestempelt. Mitte Februar 1945 erhält »die stolze Witwe«, wie die offizielle Phrase lautet, die Nachricht vom Tod des geliebten Mannes an der Front – »für Volk und Vaterland«.

Mit dieser Nachricht wendet sich auch Kathi Lembergers Schicksal. Vier Monate bleiben ihr noch mit ihrer Mutter. Dann wird diese ihren Schwur von echter Verbundenheit zu ihrem Mann unauflöslich besiegeln. Im Juni tötet sie sich selbst. Die Hintergründe werden Kathi Lemberger erst Jahre später bewusst. Das Einzige, was sie damals erlebt, ist der Schock, mit knapp sechs Jahren Kriegswaise zu sein.

Kathis altes Leben – Tochter von Grete und Hermann Waldeck zu sein – endet im Juni 1945. Ihr neues Leben beginnt unmittelbar danach. Sie wird Kind Nummer eins beim noch kinderlosen Ehepaar Hoff. Im Lauf der nächsten Jahre, als fünf Geschwisterchen dazukommen, ist äußerlich alles so wie überall: Die Kleinen sind die Kleinen und machen die Großen größer. Und diese Älteren waren einfach immer schon da. Kinder führen keine Stammbäume. Die Eltern Hoff stellen Kathi überall als ihre älteste Tochter vor. Trotzdem ist der Schaden längst angerichtet. Bei Kathi bleibt stets ein Restgefühl, den andern zur Last zu fallen. Obwohl die Fotos im Karton sie ganz genauso wie ihre Geschwister zeigen, keinen Riss und keine Trennlinie verraten. Niemand käme auf die Idee, sie sei von den Menschen, die sie Papa und Mutter nennt, anders behandelt worden als deren leibliche Kinder.

Nur einen kleinen Fingerzeig gab es, dass mit ihr etwas anders war. Kathi hatte noch Großeltern, die anderen nicht. »Ich hatte nie Großeltern, meine Großmutter starb, als ich noch ganz klein war«, erinnert sich Barbara Hoff, während sie die Kinder- und Jugendjahre in Gedanken auseinandersortiert. Bei diesen Extra-Großeltern, den Eltern ihrer Mutter, verbringt Kathi immer die Ferien. Das war in den Augen der anderen die einzige Besonderheit an der großen Schwester. Als trennend hat Barbara Hoff das nicht empfunden. Eher als beneidenswerten Vorsprung. So, als würden einem Großeltern zufallen, wenn man selbst ein bisschen älter würde. Als Kind hatte sie sich oft vorgestellt, wie wunderbar ein Leben mit Oma und Opa sein müsse.

Auch die anderen Geschwister können mit der Frage nichts anfangen, ob an Kathi irgendetwas anders gewesen sei. Für sie sei sie einfach die älteste Schwester gewesen, was sonst. »Es ist offenbar nur in mir, dieses Gefühl, dass ich nicht dazugehört habe«, sagt Kathi Lemberger. Dieses Gefühl des Abgetrenntseins weicht bis zum Tod der Pflegeeltern nicht. Als der Vater stirbt, und dann wieder elf Jahre später beim Tod der Mutter, ist es sehr präsent. Während der langen Stunden am Krankenbett beschleicht Kathi wieder das stille Gefühl, sie sei nur eine Besucherin, ja eine Eingeschlichene, die im Grunde nicht zu dieser Familie dazugehört.

Beim Umzug in das neugebaute Familienhaus zu Beginn der sechziger Jahre entscheidet Kathi, nun ihren eigenen Weg zu gehen. Damit will sie ihrer inneren Entfernungsahnung endlich äußeren Ausdruck verleihen. Sie ist 16 Jahre alt zu diesem Zeitpunkt und möchte eine Ausbildung beginnen, obwohl Vater Hoff der Meinung ist, sie solle ihr Abitur ablegen und studieren. Man hat Erwartungen an die Kinder in diesem zugleich sehr gottesfürchtigen und sehr intellektuellen Haushalt. Vordergründig argumentiert die Tochter, dass der Umzug von der französischen in die amerikanische Besatzungszone für sie zu viel Englischbüffeln bedeuten würde. Insgeheim will Kathi jedoch schnell auf eigenen Füßen stehen. Alle ihre Geschwister sind in irgendeiner Richtung talentiert, die Begabungen längst aufgeteilt, wie sie glaubt. Auf keinem der Felder würde sie brillieren können. Nur das Soziale ist noch nicht besetzt. Es soll ihr Betätigungsfeld werden.

Sie geht zunächst als Au-pair-Hilfe in eine vermögende Familie nach Frankreich und versucht, sich so von der eigenen Familie freizuschwimmen. Dabei hatte ihr ausgerechnet der Vater den Kontakt über seine kirchlichen Beziehungen vermittelt. Er stand ihren Plänen also nicht im Weg, obwohl sie den seinen zuwiderliefen. Nach der Au-pair-Zeit absolviert Kathi eine Ausbildung zur Gemeindehelferin, zur Gemeindediakonin, wie man heute sagen würde. Sie hängt noch ein Staatsexamen an und tritt ihre erste echte Stelle an. Sie bildet Pflegeschwestern aus. Unter ihrer Leitung wurde der Ausbildungszweig neu eingerichtet. Als Heimleiterin schließlich bewältigt sie vielfältige Anforderungen, wie sie stolz erzählt. »Das war meine schönste Zeit im Beruf«, sagt sie. »Da war ich sehr glücklich.« Hier braucht man sie. Hier gilt sie etwas, und kein Gedanke an komplizierte familiäre Zugehörigkeiten und Unzugehörigkeiten zernagt ihr Selbstwertgefühl.

Das schreckliche Ende ihres ersten Familienlebens verschweigt Kathi Lemberger damals eisern. Stößt jemand darauf, dass sie ein angenommenes Kind ist, und fragt nach, sagt sie nur, ihre leibliche Mutter sei an den Kriegsfolgen gestorben. Das klingt genügend unkonkret, gibt aber dennoch eine Richtung vor.

Spät hat sie angefangen, sich der Erinnerung zu stellen. Seit ihre frühen Kindheitsjahre in abgetippter Form, in Klarsichthüllen verstaut, in Aktenordnern sortiert ruhen, kann sie das alles mit viel mehr Ruhe betrachten. Es ist, als hätte dieses in Ansätzen bürokratische Vorgehen die Vergangenheit beherrschbar gemacht. Sie liegt nicht länger in wilden Haufen durcheinander und an verschiedenen Orten, sie blockiert auch nicht mehr wie ein Pfropf Herz und Hirn. Sie wird sezierbar.

Das Tagebuch ihrer Mutter hat sie zum ersten Mal als junge Frau gelesen. »In mich reingelassen habe ich es nicht«, sagt sie. Einmal vielleicht hat sie es seitdem wieder zur Hand genommen. »Aber immer noch lasse ich es eigentlich lieber.« In dieser neuen, nicht von ihr, sondern von ihrem Mann geschaffenen Ordnung kann sie sich mit dem Tagebuch und den Briefen eher befassen. Ihr Ehemann weiß offenbar genau, wie sehr Wissenslücken belasten können. Auch in seiner

Familie endeten viele Leben gewaltsam im Zweiten Weltkrieg. Drei Brüder der Mutter und ein Bruder des Vaters starben damals. Albrecht Lemberger hat auch für sich selbst einen Ordner mit seinen Toten angelegt. Am Volkstrauertag holt er ihn hervor. Das, glaubt er, sei er den unvollendeten Leben schuldig. Er selbst hat den Wehrdienst verweigert. Und sagt sehr deutlich, was er davon hält, dass deutsche Soldaten nach Afghanistan ziehen. »Niemand muss das«, wiederholt er mit Nachdruck in der Stimme, die in diesem Moment ein wenig lauter wird.

Die Ordner, die er für seine Frau zusammengestellt hat, lassen sich hervorziehen und wieder beiseitestellen. Das ist eine einfache und wirkungsvolle Art, Kontrolle über die eigene Biographie zu demonstrieren. Die Selbstverständlichkeit, mit der ihre jüngere Schwester mit den Relikten der Familienvergangenheit lebt, ist Kathi trotzdem noch immer nicht gegeben.

Barbara Hoff erinnert sich zwar, dass sie als Kind nicht auf die Idee kam zu fragen und sich das in der letzten Lebensphase ihrer Mutter nicht getraut hat. »Das konnte ich nicht«, sagt sie. Sie wollte nicht den Eindruck erwecken, das Ende sei so nah, dass man nun in Torschlusspanik alle nie gestellten Fragen vorbringen müsse. Sie weiß, dass dadurch Familienwissen verlorengegangen ist. Doch sie findet es auch heute noch müßig, sich darüber zu grämen. Sie hat ja auch eine Mutter, die in manchen ihrer Wesenszüge so modern war, dass sie neben Bibelarbeit und Frauenkreis mit ihrer Tochter im württembergischen Mutlangen gegen die Stationierung von Pershing-Raketen und den NATO-Doppelbeschluss demonstrierte. Die lebendige Gegenwart überdeckte die fernere Vergangenheit. Diese Mutter war nicht durch das definiert, was man nicht von ihr wusste.

Selbst das, was sich noch erfahren ließ, einfach nicht zur Kenntnis zu nehmen stellte für Kathi Lemberger lange den einfachsten Schutz vor dem Vergangenen dar. Sie besaß kein Gegenüber, das sie hätte befragen können. Aber zu vielen Einschnitten in ihrem Leben gibt es schriftliche Zeugnisse, die erstaunlich mitleidlos dokumentieren, was geschehen ist. Zum Beispiel einen Brief, der am Morgen eines Frühsommertags im Juni 1945 auf dem frisch gemachten Bett der Mutter liegt.

Briefe haben da schon oft unheilvoll hineingewirkt in die Kleinfamilie Waldeck, vor allem jene von der Front und an die Front, in denen sich die Idee verfestigt, ein Elternteil könne ohne sein Gegenüber nicht existieren. Aber es gibt auch ein die Mutter zerrüttendes Intermezzo kurz vor dem amtlich beglaubigten Ende der Hoffnungen, in dem ein Brief eine Rolle spielt.

In den letzten Wochen des Krieges geht Grete mit ihrer Tochter von Bayern zurück nach Württemberg. Passau ist kein Ort des eigenen Angekommenseins mehr, nur noch der des Abschieds von ihrem Mann, die unerträglich gewordene Bühne letzter Minuten, Gesten, Worte. Auf Umwegen, über die stille Post von Regimentskameraden, Nachbarn, Bekannten erreicht Grete die Nachricht, ihr Mann sei gefallen. Noch gibt es keinen offiziellen Bescheid, aber längst beherrscht auch die einst Siegesgläubige die Gewissheit, der Krieg verschlinge alles und jeden. Nun liegt hier die an sie adressierte vermeintliche Todesbotschaft. Aber als sie den Umschlag öffnet, steckt die Nachricht über den Tod eines ganz anderen, ihr unbekannten Mannes darin. Die Vernunft sagt: Da ist etwas falsch eingetütet worden, ein bedauerlicher Irrtum, entstanden durch einen ungenauen Blick in das Adressverzeichnis. Eine andere Witwe hätte die Gefallenfürs-Großdeutsche-Reich-Meldung in Händen halten sollen. Das Herz aber sagt etwas anderes: Es will alles für einen Irrtum halten, den Mann für lebendig, auf ewig. Dem Herzen soll der Brief gerade belegen, dass das Gerücht vom Tod des Mannes Unfug ist – wo doch selbst amtliche Papiere irren können. So fällt sie, die sich noch einmal aus der Depression aufschwingen will, umso härter, als die Bestätigung des Todes doch noch kommt.

Auch die Schwiegermutter weigert sich, schmerzliche Gewissheiten anzunehmen. Sie hält verbissen fest am Stadium von Zweifel, Hoffnung und Erwartung. Das Kriegsende ist ein Chaos, ein endloser Rückzug, in dem nichts zu Ende ausgepackt wird, bevor es nicht schon wieder weiter nach Westen verlagert, vernichtet oder zurückgelassen wird. Wer will da Wehrmachtsmeldungen trauen, die Gefallene, Vermisste und in Gefangenschaft Geratene auseinandersortieren sollen. Hermanns Mutter glaubt nur denen, denen sie glauben will. Immer wieder trifft sie Kriegsheimkehrer, die ihr von neuem Hoffnung machen, die sich sicher sind, ihren Sohn noch nach seinem angeblichen Tod gesehen zu haben. Mit diesem Traum von der irrigen Todesmeldung ist sie nicht allein. Für viele Angehörige ist er der Antrieb, unter unerträglichen Bedingungen weiterzumachen, irgendeine Art Leben und Zuhause für den bereitzuhalten, der wiederkehren wird. Manchmal wird der Traum ja auch wahr. Immer wieder hört man Geschichten von Heimkehrern, die längst für tot erklärt worden waren. Manche stimmen, manche sind selbst nur Gerüchte. »Wenn der Hermann kommt«, sagt seine Mutter immer wieder, »dann tanze ich Walzer.« Sie wird bis zu ihrem Tod auf diesen Tanz warten.

In dem Brief an ihre eigenen Eltern, in dem Grete sie vom Tod des Schwiegersohnes unterrichtet, schreibt die junge

Kathi mit der geliebten Großmutter im Schwarzwald

Witwe erstaunlich distanziert, fast gelassen: »Ihr dürft nun keinen Schrecken bekommen, wenn ihr das gelesen habt, und denken, jetzt tut sich die Grete was an. Fast glaube ich selber, dass mein Bleiben auf dieser Welt nicht allzu lange mehr sein wird, denn Hermann braucht mich, wie ich ihn, aber dass ich jetzt irgendetwas übereile, dafür bin ich viel zu ruhig.«

Der Krieg ist da noch nicht zu Ende. Die Front rückt

heran, und Grete packt das Nötigste und bricht auf. Sie will mit ihrer fünfeinhalbjährigen Tochter zurück in den Heimatort ihres Mannes im Schwarzwald. Es ist eine abenteuerliche und gefährliche Fahrt mit Zug und Lastwagen durch ein zerfallendes Land, in dem Habichte aus Metall an klaren Tagen Jagd auf Menschenmäuse machen. Jagdbomber sausen über die Schienenstrecken hin, auf der Suche nach etwas, das sich noch zu bewegen wagt im sterbenden Hitlerreich. Schwere Bomber nehmen die Bahnhöfe ins Visier. Bei Crailsheim wird der Zug angegriffen, in den sich die Waldecks gezwängt haben. Aus diesem Moment der Panik stammt die Erinnerung an die Liebe und Hingabe der Mutter, an ihre andere Seite. Kathi hat noch ein Bild im Kopf, wie sich die Mutter schützend über sie wirft.

Grete Waldeck verliert auf dieser Fahrt den Rucksack mit den Aufzeichnungen ihres Mannes mit seinen philosophischen Texten, Gedichten, Skizzen und kleinen Gemälden. Er mag auf der Ladefläche eines Lkws stehen geblieben sein, im Gedränge der Zu- und Absteigenden, oder er mag ihr aus dem Sinn geraten sein, als sie über ein Feld zur nächsten Deckung rannte, weil Flugzeugmotoren zu hören waren. Ein Name ist am Rucksack zwar angebracht, aber er bleibt verschwunden. Niemandem steht in diesen Tagen der Sinn danach, sich um solch vermeintlich wertlosen Plunder anderer Leute zu scheren. Grete Waldeck ist untröstlich. In dem Tagebuch, das sie vom Tag der Todesnachricht ihres Mannes an für ihre Tochter schreibt, macht sie sich schwere Vorwürfe. Mit dem Verlust des Rucksacks, glaubt sie, sterbe ihr Mann ein zweites Mal. Nun sei er unwiederbringlich aus dem gemeinsamen Leben abgetreten.

In diesem aus gut zwanzig engbeschriebenen DIN-A5-Seiten bestehenden Tagebuch legt sie auch dar, warum ihr schon seit der Todesnachricht klar ist, dass sie ihrem Mann nachfolgen wird. Nicht aus Verzweiflung, sondern weil sie fest davon überzeugt ist, dass beider Liebe sich nur so erfüllen kann. Sie will das Todeserlebnis um jeden Preis – auch um den eines verwaisten Kindes. »Ich fühl's jeden Tag deutlicher, dass ich für mich allein nur immer die Hälfte bin, dass wir einfach zusammengehören«, zitiert sie in ihrer langen Abschiedsrede an die Tochter aus einem Brief an ihren Mann.

Der andere Brief nun, das herbe Dokument, an dessen Auffindung sich Kathi erinnert, an das Papier auf dem frisch gemachten Bett an einem Junitag 1945, ist einer, der die lange Planung zu einem Ende bringt. Es ist ein Abschiedsbrief, ein fürchterlicher, auch wenn man seine Botschaft zwischen den Zeilen suchen muss. Die Mutter schreibt:

Meine Lieben, liebe Kathi!

Ganz früh, wenn Ihr alle noch schlaft, will ich fortgehen. Weißt Du, ich will einmal ganz alleine sein und gar nicht mehr reden, sondern nur an Vater denken. Vielleicht kommt dann Vater vom Himmel und holt mich zu sich, wenn ich den lieben Gott recht darum bitte. Wenn dies aber nicht sein kann, dann komme ich ja wieder und erzähle Dir alles, was ich erlebt habe.

Vergiss nicht, morgens und abends Dein Verslein zu sagen, und denk auch den ganzen Tag oft daran, dass Du doch lieb sein willst.

Einen lieben Gruß von Deiner Mutter

Kathi erwacht an diesem Junitag, knapp sechs Wochen nach Kriegsende, von markerschütternden Schreien. Sie glaubt die Stimme ihrer Mutter zu erkennen. »Kathi«, schreit es dreimal durch das enge Schwarzwaldtal, als müsste die Ruferin sich mit Gewalt von ihrer Tochter losreißen, von der sie sich aber wohl schon lange innerlich getrennt hat. Kathi schläft zu diesem Zeitpunkt im Zimmer ihrer Wildbader Großmutter. Sie mag die alte Dame sehr – und die Oma mag sie. Die Großmutter schlägt sofort Alarm. Auch sie hat die Schreie gehört. Wer laufen kann, rennt in den Wald in die Richtung, aus der die wilden Rufe kamen. Alle suchen nun die 28-jährige Mutter. Emilie Hoff rennt auf den Friedhof und sucht dort. Aber auch bei den Toten und ihren Ruhestätten ist die Schwägerin nicht. Grete Waldeck ist wie vom Erdboden verschlungen.

Sie ist gegangen, um das Grab ihres Mannes zu suchen, glaubt die kleine Kathi lange. Sehr lange. Das ist die Formel, an die sie sich mit ihren sechs Jahren hält. Solange die Mutter dort nicht ankommt, sagen diese Worte, kann ihr auch nichts geschehen. Was man nicht ausspricht, ist nicht passiert. So hält man es in der Familie. Später gilt für Kathi Lemberger: Was man nicht liest, bekommt keine Macht über einen. Obwohl natürlich genau das Gegenteil der Fall ist. Das Verdrängte will ans Licht. Wenn nicht sofort, dann später.

Die Großmutter schreibt in den aufregenden Tagen nach der ergebnislosen Suche einen Brief an die Eltern ihrer Schwiegertochter. Sie teilt ihnen mit, was passiert ist, dass die lange Suche erfolglos blieb. In dem Brief steht der Satz: »Und Kathi hat gesagt, sie wollte doch immer zum Vater, dann lassen wir sie halt.« Kann ein Kind so klug, vernünftig, selbstlos denken? Oder fehlt dem Mädchen nur das Verständnis, zu begreifen, dass dies ein Abschied ohne Wiederkehr ist? Kathi macht es den Erwachsenen jedenfalls leicht. »Immer habe ich dieses Muster gelebt«, sagt sie heute, »immer habe ich Verständnis aufgebracht, wo ich eigentlich Wut und Trauer empfunden habe.«

Nach wie vor ist es anstrengend für sie, über das zu sprechen, was aus dem heiteren, fröhlichen Mädchen der Vorschulzeit ein verunsichertes Kind und eine nachdenkliche

Heranwachsende gemacht hat. Im Haus ihrer Pflegeeltern wird in den Nachkriegsjahren nicht über Tod und Traurigkeit gesprochen. Die Wunden, die der Krieg geschlagen hat, sollen mit Worten nicht dauernd wieder geöffnet werden. Schon das Kind registriert eine stille Duldsamkeit gegenüber dem Schicksal. Heute versteht sie, dass jedes Reden über die beiden toten Brüder auch ein Gespräch über ihren Vater und ihre Trauer nach sich gezogen hätte. Keiner fühlte sich dem gewachsen. Und so fragte damals auch niemand, wie es in der Kinderseele aussieht. Man verlegte sich aufs Handeln und tätige Nächstenliebe.

Wie das Wissen in ihr Leben kam, dass die Mutter tot war, kann Kathi Lemberger nicht mehr sagen. »Da habe ich eine Lücke in der Erinnerung.« So sollte es wohl auch sein. Die Erwachsenen verschwiegen ihr nämlich, dass ein Förster die Leiche ihrer Mutter knapp anderthalb Jahre nach ihrem Verschwinden im Wald gefunden hat. In einem Brief an Grete Waldecks Eltern beschreibt der Finder das Geschehen:

Ich habe alljährlich in diesem Frühjahr diese Dickung (Schonung) nach Hirschabwurfstangen abgesucht. In den Jahren 45 und 46 habe ich dieses aufgrund des Einmarsches der Truppen unterlassen. Es war schade darum, sonst hätte ich Ihre Tochter im Frühjahr 45 noch frisch gefunden. Ob es im Frühjahr 47 nicht eine Eingebung für mich war? Durch einen starken Wildwechsel am Wegrand aufmerksam geworden, sagte ich mir, eine Viertelstunde will ich noch verwenden, nach Abwurfstangen zu suchen. Schon nach zehn Minuten hatte ich den Platz gefunden, wo Ihre liebe Tochter in den Tod gegangen ist. Zunächst glaubte ich, es handele sich um einen toten Soldaten. Als ich aber sah, dass die Schuhe Damenschuhe waren und der Hinterkopf, welcher nach oben war, noch einige Haare mit einem Kämmchen aufwies, war es mir klar, dass es sich um eine

Frau handeln konnte. Ich berührte nichts, sondern verständigte das Bürgermeisteramt und die Gendarmerie, welche am Nachmittag kam und die Sache feststellte. Durch die Zeitdauer von zwei Jahren waren der Kopf und die Glieder alles nur noch saubere Knochen, lediglich vom Leib waren noch Fleischteile vorhanden. Am zweiten Tag haben wir alles ehrend mit sämtlichen Kleidern gesammelt, und alles wurde auf dem Friedhof beigesetzt. Ich darf Ihnen, da Sie es wissen wollen, mitteilen, dass Ihre Tochter durch die Pistole, die neben ihr lag, in den Tod gegangen ist. (…)

In einer entwurzelten Baumgruppe, umsteckt von Tannengrün, hatte sie sich zum ewigen Schlaf niedergetan. Haben Sie ihre Uhr und 100 Mark nebst einigen anderen Kleinheiten, bestehend aus Rasierklinge, Faden, Nadel und anderes, von der Polizei erhalten? (…)

Als ich Ihren Brief erhalten habe, begab ich mich wieder an jenes stille, abgelegene Plätzchen, wo Ihre Tochter mit großem Mut ihr Leben beendete. Jedenfalls muss Ihre Tochter eine willensstarke Person gewesen sein, da sie solches fertiggebracht hat. Ich war im Ersten Weltkrieg Soldat, bin beruflich Jäger und habe schon sehr viel Wild durch die Kugel in den Tod geschossen und weiß nur zu gut, was es heißt, durch die Kugel zu sterben. Ich denke mit ehrender Liebe und großer Wertschätzung an Ihre Tochter, die ja auch ein Opfer des unseligen Krieges geworden ist. (…)

Kathi Lemberger wusste auch lange nicht, dass der Leichnam ihrer Mutter in den Ort überführt wurde, in dem sie nun lebt. Aus den Papieren, die inzwischen in ihrem Besitz sind, weiß sie, dass man Grete, einen Monat nachdem sie in ihrem letzten Versteck gefunden worden war, identifiziert hatte. Ohne dass das Kind etwas davon bemerkt hat, wurde die Mutter im Familiengrab beigesetzt. Ebenfalls erst aus dem Nachlass ihrer Großeltern mütterlicherseits erfuhr sie, dass die Mutter an alles gedacht hatte. Nichts sprach bei dieser Selbsttötung für eine Kurzschlusshandlung. Niemand sollte durch ihre Tat Ärger mit der Justiz bekommen. Deshalb vermerkte Grete korrekt auf einem Blatt Papier, wie die Schusswaffe in ihren Besitz gekommen war. Die Notiz verpackte sie so gut, dass sie tatsächlich nicht verwitterte. Sie schrieb:

Ich bin die Frau eines deutschen Offiziers, der im Januar 1945 gefallen ist. Mein Mann hat mir bei seinem letzten Urlaub eine Pistole gegeben, damit ich mich im Notfall selber schützen kann, solange ich alleine bin. Nun will ich meinem Mann in den Tod folgen, gemäß unserem Glauben, dass in einer rechten Ehe alles gemeinsam sein soll, auch das Sterben. Ich bin weder wahnsinnig noch verzweifelt. Da ich weiß, wie schwer das Tragen von Waffen zurzeit bestraft wird, habe ich alles vernichtet, was auf meine Person hindeutet, denn ich will nicht haben, dass meine Angehörigen in Angelegenheiten hineingezogen werden, an denen sie unbeteiligt sind.

Grete Waldeck will auch offensichtlich nicht, dass ihr Leichnam gefunden wird. Falls doch, will sie als unbekannte Tote beigesetzt werden. Darum vernichtet sie ihren Personalausweis und trägt nichts bei sich, durch das man sie identifizieren könnte. Ginge es nach ihr, würde sie sich am liebsten in Luft auflösen. Alles Irdische ist ihr nur noch lästig. Sie weiß allerdings, dass sie ihrer Tochter mit ihrem Freitod den Boden unter den Füßen wegziehen wird. In ihrem Abschiedsbrief an die Erwachsenen formuliert sie ihren Anspruch an die Zurückgebliebenen. »An Euch wird es liegen, wie Kathi das alles aufnimmt. Seid Ihr aufgeregt, wird sie's auch sein. Und wird für ihr ganzes Leben eine hässliche Erinnerung haben. Seid Ihr aber ruhig, so wird sie das alles fast als Selbstverständlichkeit nehmen, denn ich habe ihr das alles oft genug klargemacht, dass es für mich nur einen richtigen Weg gibt, und der ist, so bald als möglich bei Vater zu sein!«

In ihrem Testament wendet sie sich an ihre Eltern, die Schwiegermutter und die Schwägerin. Nachdem sie erklärt hat, ihrem Mann »nicht aus Verzweiflung« in den Tod gefolgt zu sein, »sondern mit dem Glauben im Herzen an den göttlichen Kern unserer Liebe«, bezieht sie sich auf ein Versprechen, das ihre Schwägerin Emilie ihr gegeben hat. »Nun gebe ich Kathi in Eure Hände. Möge sie Euch noch viel Sonnenschein bringen. Liebe Emilie, Du hast mir versprochen, im Falle meines Todes bei Kathi die Stelle der Mutter zu übernehmen. Ich lege nun diese Aufgabe vertrauensvoll in Deine Hände.«

Ihren Eltern, die nun ohne Tochter sind, stellt sie in Aussicht, ihre Schwiegermutter werde im Krankheitsfall sicher bereit sein, auszuhelfen – und »sei's noch eine kleine Zeit, dann ist auch Kathi so weit, dass sie helfend einspringen kann«. Das Mädchen wird, so deutet Kathi das als erwachsene Frau beim Blick auf diese Zeilen, »zur Handelsware«, zur Verfügungsmasse zwischen den verschiedenen Welten.

Als ihr Enkel vor zwei Jahren seinen sechsten Geburtstag feiert, begreift Kathi noch einmal, wie schutzlos sie selbst in diesem Alter war, mit welcher Wucht das Schicksal sie erfasst haben muss. Heute sieht sie klar, welchen psychischen Belastungen sie ausgesetzt war. Sie war ein Kind, um dessen Trauer sich niemand gekümmert hat, weil niemand auf den Gedanken kam, auch ein Kind – per Definition naiv und unbeschwert – könnte lange trauern. Die Großmutter aber, die sie sehr liebt und die immer nur ihr Bestes will, schreibt ihr am zweiten Geburtstag des Vaters nach dessen Tod in einem Brief: »… muss ich Dir schreiben, weil ich so allein bin …«

Kathi mit ihren jüngeren Brüdern

Das Kind soll nicht trauern, wird aber zum Adressaten des Kummers der Erwachsenen. Das ist eine Rolle, um einiges zu groß für eine Sechsjährige.

Damals muss sich vieles einfach ergeben haben. Der radikalen Veränderung im Leben wird der Trott neuer Gewohnheit entgegengesetzt. »Ich fühlte mich sehr geborgen in Wildbad«, beteuert sie. Der Ort steht als Synonym für ihr zweites Leben. Es gibt hier Menschen, die sie liebt, die Großmutter und die Tante. Trotz aller Beschwernis gibt es Ablenkung durch Normalität. Kathi wird eingeschult und saugt das Neue begierig auf. Sie macht den einen großen Schritt im Leben und betritt die Welt der Lesenden und Schreibenden.

Aber die Einfindung in ein neues Zuhause wird gestört. Die Großeltern mütterlicherseits erheben Ansprüche auf sie. Kathi ist ihr einziges Enkelkind. Die beiden Kinder sind tot, der Bruder von Kathis Mutter ist 21-jährig im Krieg gefallen. »Du bist unser einziges«, ist der Satz, den Kathi immer wieder hört und den sie bis heute erinnert. Der Großeltern ganzes Bestreben klingt da durch, sie zu sich zu holen. Der Streit wird heftig, eskaliert schließlich. Die Großeltern wollen die Vormundschaft und ziehen dafür sogar vor Gericht. Kathis Pflegemutter will das Kind nicht wieder hergeben. Emilie Hoff hält den Forderungen der anderen entgegen: »Kathi gehört zu uns. Das habe ich versprochen.«

In Kathi Lembergers Erinnerung ist es ein schlimmer Kampf um ihren Aufenthaltsort – und um ihr Leben. Ein Gericht entscheidet schließlich, dass Kathi im Schwarzwald bleiben darf, in den Ferien aber regelmäßig nach Esslingen zu den Großeltern fahren soll. Das Kind ist schließlich bereits am Wohnort von Emilie Hoff eingeschult. Aber als Kathi in den ersten Ferien zu den Großeltern mütterlicherseits reist, lassen diese sie an ihrem Wohnort ebenfalls einschulen. Noch auf diesem Umweg wollen sie erzwingen, dass das Kind bei ihnen bleibt. In den Dokumenten der Großmutter, die Kathi später erbt, finden sich kleine Zettelchen. Auf einem steht mit rotem Buntstift geschrieben: »Kathi wiegt in den Ferien nur 52 ½ Pfund.« Dazu ist die Jahreszahl 1947 vermerkt. Hinter dieser Notiz verbirgt sich die Angst, das Enkelkind bekäme im Schwarzwald nicht genug zu essen.

Kathi weigert sich jedoch, stur wie damals auf dem Dachboden, bei diesem Kampf ums Kind mitzumachen. Die schriftliche Bestätigung für die ehemals ein großes Haus führenden Großeltern, dass sie bei ihnen ein eigenes Bett habe, will sie nicht formulieren, ist in einem weiteren Brief zu lesen.

»Ich wollte in Wildbad bleiben«, sagt sie. Bett hin oder her. Sie hat auf den Austausch familieninterner Depeschen keine Lust. Auf sie gehört hat man damals freilich zuletzt. Es ging um die Bedürfnisse der Erwachsenen. Trotzdem ist Wildbad der Ort, der ihr guttut. Dort kommt ein Geschwisterchen nach dem anderen auf die Welt. Dort ist etwas los. Sie wird gebraucht als Mitbetreuerin der Kleinen. Bei den Esslinger Großeltern versucht man ihr einzureden, man nütze sie aus zum Kinderhüten ihrer kleinen Geschwister. In Esslingen versucht man sie zu verwöhnen und redet ihr ein, die Familie Hoff würde sie vernachlässigen und schaue nicht richtig nach ihr. Kathi hängt zwischen allen Stühlen, während das Hin und Her zwischen ihren beiden Verwandtschaften weitergeht. Sie leidet darunter. Einziger Vorteil: In Esslingen darf sie in die Tanzstunde gehen. Die Großmutter hängt noch ihrem Leben von einst nach, als sie einen großen Haushalt führte. Tanzen gehörte in dieser Welt zu den selbstverständlichen Kulturtechniken wie Lesen und Schreiben. In Wildbad dagegen hat man es gern ein wenig christlich braver. Aber immerhin, das Kleid für den Abschlussball kauft Kathi Lemberger zusammen mit ihrer Pflegemutter. Es hat eine enge Taille im Stil der Zeit, ist aus einem leicht durchsichtigen Stoff, der aber züchtig unterfüttert ist. Kurz: Es ist bieder und todschick. Doch die Tanzstunde kann nicht darüber hinwegtäuschen, dass für Kathi die regelmäßigen Fahrten nach Esslingen immer mehr zum Zwang werden. Daran ändern auch andere Verwöhnungsmaßnahmen nichts, wie die gestochen scharfen Erinnerungsfotos, für die ihre Großeltern extra mit ihr ins Atelier eines Fotografen gehen. Eine Heile-Welt-Inszenierung, sonst nichts.

Die Bilder der Wildbader Großfamilie aus dieser Zeit sprechen eine andere Sprache. Hier macht irgendjemand im-

Ein Bild aus glücklichen Tagen: Vater, Kathi, ihre Mutter Emilie und die Großmutter

mer leicht unscharfe Bilder, die vom Alltag erzählen. Eines zeigt Kathi als Kornblume verkleidet beim Schulumzug. Für jedes ihrer Kinder näht Emilie ein aufwendiges Kostüm, auch für Kathi. Die Bilder zeigen kleine Kinder mit einer großen Schwester, die zärtlich miteinander schmusen. Kathis ganze

Kathi mit ihrem Fahrrad in Wildbad

Welt sind ihre Geschwister. Andere Gleichaltrige haben darin keinen Platz. Nur eine einzige Freundin hat sie. Die findet sie bezeichnenderweise während der Besuche bei ihren Großeltern in Esslingen. Die Freundschaft der beiden hält bis heute.

In Wildbad entsteht auch, irgendwann in den vierziger Jahren des letzten Jahrhunderts, eines ihrer Lieblingsbilder. Es zeigt die kleine Kathi mit Vater Hermann und Mutter Grete, der Großmutter und der Tante, die später ihre Pflegemutter wird. »Ich mag es, weil darauf noch alle am Leben sind«, sagt sie. Das Bild hält fest, was danach fehlt: Unbeschwertheit und das Glück.

In ihrer Grundschulzeit hat Kathi Lemberger zu stottern begonnen. Die Klage Emilies, dass das Kind »die Worte nicht mehr herausbringt«, liest sie aus einem Brief ihrer Pflegemutter vor, den ihr Mann in ihren Erinnerungsordner einsortiert hat. Sie selbst kann sich an diese Phase nicht mehr erinnern. Die Pflegemutter spricht in diesem Schreiben an die Großeltern von der »seelischen Überbelastung« Kathis und notiert einen bemerkenswerten Satz: »Kathi hat schon so viel Schweres erleben müssen.« Der Satz fasst die Verfassung des Kindes knapp und klar zusammen und drückt die Hoffnung aus, man möge dem Rechnung tragen. Und doch scheinen die Erwachsenen in ihrer eigenen Nachkriegs- und Alles-muss-wieder-normal-werden-Welt darüber rasch hinweggegangen zu sein.

In einem anderen Brief an die Großeltern, geschrieben nach dem Urteil des Vormundschaftsgerichts, versucht Emilie Hoff noch einmal für ihre Position zu werben: *Es ist für mich außerordentlich schwer, dass ich nun das tue, was recht ist, doch will ich Euch eines vor allem anderen sagen: Ich möchte, dass alles gut sein soll, denn das sind wir Kathi gegenüber schuldig. Ich bitte Euch deshalb von ganzem Herzen, dass Ihr selbst wollet alles noch einmal im Hinblick auf Kathi überschauen. Und bitte Euch herzlich, dass Ihr auch mir einmal Vertrauen schenken möchtet. (...) Kathi ist nun ein großes Mädele und wird immer größer, und sie hat gelernt, sich lieb und dankbar in alles zu schicken. (...) Mir selbst ist Kathi als Kind anempfohlen. Ich habe aus vollem Herzen ja gesagt zu Gretes Wunsch, der, das weiß ich ganz gewiss, auch Hermanns Wunsch wäre. Ich habe aber nie dabei gedacht, dass ich Euch das Enkelkind wegnehmen wollte. Verliert man einen Menschen nicht erst dann, wenn man ihn aus seinem Herzen gibt? (...) Ich bitt Euch vor allem darum, dass Ihr möget Kathi bedacht sein, dass ihr nichts Unrechtes geschehe, so wie ich es immer auch sein will. Und vielleicht darf ich es auch noch sagen, dass ich vielleicht ein wenig um das Schwere bei Euch weiß und es nicht vergesse.*

Schließlich bricht die Pflegemutter den Kontakt ab. Sie erträgt die Verletzungen nicht mehr, die der Kampf um Kathi mit sich bringt. Sie macht fortan keine Besuche mehr in Esslingen.

Für Kathi steht über all den Erinnerungen an Menschen, die sie unbedingt bei sich haben wollten, die Frage nach dem einen Menschen, der scheinbar so bereitwillig auf sie verzichtet hat. Kathi Lemberger hat viele Geschichten gehört von Frauen, die wie ihre Mutter den Ehemann im Krieg verloren haben. Es gibt eine Gemeinsamkeit in den vielen Erzählungen. Fast alle Frauen sagen, der Gedanke an ihre Kinder habe sie am Leben gehalten und weitermachen lassen.

Warum, fragt sich Kathi, konnte ihre Mutter dann nicht bei ihr bleiben? Warum hat sie sich entschieden, dem Vater in den Tod zu folgen? Wo das Kind sie doch gebraucht hätte? Aber die härteste Frage, die zentrale Frage ihres Lebens, lautet: »Warum konnte ich meine Mutter nicht retten?«

Als ihre Schwiegermutter stirbt, zu der sie ein inniges Verhältnis hat und die sie das letzte Lebensjahr gepflegt hat, gerät Kathi in eine schwere Krise. Die Schleusenwärterin in ihr versagt. Kathi ist körperlich und seelisch am Ende. Wieder verliert sie eine Muttergestalt. Sie verfällt in Gefühlsstarre. »Ich wusste nicht, was mit mir ist.« Schlimme Depressionen folgen. Ein Therapeut, bei dem sie Hilfe sucht, erklärt ihr, alle Kinder fühlten sich am Tod ihrer Eltern schuldig. Das hilft ihr nur wenig.

Kathi Lemberger versucht, an ihren eigenen Kindern das wiedergutzumachen, was zwischen ihr und ihrer Mutter gescheitert ist. »Ich war eine Übermutter«, sagt sie heute, fast schon mit ein wenig Selbstironie. Sie war ja auch eine Übertochter. Sie folgt dem Testament der Mutter und pflegt die Esslinger Großmutter. »Wir waren ganz schnell für die alten Menschen in der Familie zuständig«, sagt sie. Der Gedanke, dass sie da auch einen alten Auftrag ausgeführt hat, einen indirekten Kontakt zur Mutter hatte, führt sie zurück zu anderen Erinnerungen an Trauerrituale. In ihrem Archiv finden sich Briefe, die sie als Sechs- oder Siebenjährige geschrieben hat. Sie beschreibt darin wohl ziemlich beispielhaft, wie in den zerstörten Familien im Nachkriegsdeutschland die Sonntagnachmittage ausgesehen haben: »Wir sind auf den Friedhof gegangen und haben dem Mutterle und dem Großvater einen Blumenstrauß aufs Grab getan«, heißt es in einem Brief an ihre Großeltern. In einem anderen Brief schreibt die Grundschülerin: »Dann sind wir in den Wald gegangen und haben Holunder geholt. Wo wir heimgekommen sind, haben wir gegessen, und dann haben wir in den Fichten gebadet [ein Fichtennadel-Bad genommen]. Mein Husten hat sich gebessert. Am Sonntagnachmittag bin ich mit dem Hermännle rumgefahren. Und dann sind wir auf den Friedhof gegangen.«

Der Friedhof scheint Dreh- und Angelpunkt ihres Lebens zu sein in dieser Zeit. Immer sonntags geht sie mit der Großmutter zum Grab und dem Kriegerdenkmal. »Die Großmutter hat ja so sehr getrauert«, sagt sie. »Für mich waren die Besuche furchtbar.«

Das Kind ist überfordert. Es wird von Erinnerungen heimgesucht, die ihm niemand erklärt und zurechtrückt. Dazu gehören auch die Bilder eines Feuers während des Krieges. Kathi steht mit ihrer Mutter auf einem Feld. Grete verbrennt die Briefe ihres Mannes, einen nach dem anderen. Das Tagebuch der Mutter datiert das Vorkommnis, den scheiternden Versuch eines Bruchs mit der Vergangenheit, auf vier Tage nach Erhalt der Todesnachricht.

Hinter solchen beängstigenden Bildern muss Kathi Lemberger die Erinnerung an schöne Momente immer erst hervorlocken. Eine gilt den gemeinsamen Spaziergängen im Wald, bei denen man hinunterschauen konnte auf die Flüsse, die Passau umfließen. Es sind sehr atmosphärische Ausflüge, auf denen die Mutter ihr die Natur nahebringt. Kathi lernt, welcher Vogel welches Federkleid hat, und wie die Blumen heißen, die da blühen. Dem Kind gefallen die Spaziergänge, weil sie jene Zweisamkeit bringen, die es sich so sehr wünscht. Oder ist das nur ein im Nachhinein formulierter Wunsch, der sich aus der Lektüre der Tagebücher speist? Dort ist jedenfalls auch zu lesen, dass die Mutter mit Kathi – die vielleicht nur Platzhalterin ist – die Wege entlanggeht, die sie einst mit dem Vater beschritten hat.

In den Tagebüchern und Briefen findet Kathi Lemberger keine Versöhnung. Sie weiß das. Sie kennt deren Inhalt schließlich zur Genüge. Nichts Neues lässt sich entdecken. Versöhnung mit ihren Eltern findet sie in anderen Dingen. In dem kleinen Gemälde, das ihr vom Vater geblieben ist. Es zeigt Margeriten, als hätte er ahnen können, dass dies die Lieblingsblumen seiner Tochter sein würden. Es hat einen Ehrenplatz in der Wohnung. Ein Gefühl der Innigkeit überkommt Kathi Lemberger auch, als sie mit einer Frauengruppe zum Wandern in die Schweizer Berge fährt. Als sie über eine Wiese mit Enzianen geht, erinnert sie sich daran, dass das die Lieblingsblumen der Mutter waren.

Es gibt einige dieser heilsamen Momente. Kathi Lemberger beschließt, noch einmal zu versuchen, was ihre Mutter nicht geschafft hat. Sie sucht das Grab ihres Vaters. Wieder ist es Kathi Lembergers Mann, der die Suche in geordnete

Bahnen lenkt. Er kontaktiert die Kriegsgräberfürsorge und erhält Auskunft. Auf einem kleinen Soldatenfriedhof in der Eifel steht Kathi Lemberger Jahrzehnte nach seinem Tod doch noch am Grab ihres Vaters. Nun gibt es einen Ort für Trauer, sagt sie. In der Kapelle in Nähe des Gräberfelds zündet sie eine Kerze an. »Das war ein schönes Erlebnis«, sagt sie zunächst und korrigiert sich dann. »Na ja, was heißt schön. Aber gut. Friedlich!« In seinem letzten Brief an die Tochter schreibt der Vater erstaunlich unverblümt: »Wenn Du diese letzten Worte liest, wird mein Bild vor Deiner Erinnerung verwischt sein. Es wird Dir in Kindesjahren schon viel genommen.« Aber ein kleines Stückchen dieses Bildes hat Kathi zurückerobert. Sie will nicht vergessen, sie will Anteil haben, Anteil an ihren vielen Toten.

Sehnsucht

Wie Bodo Hausmann seinem Vater auf dem Sterbebett ein Versprechen gab – und eine persönliche Befreiung erlebt, als er dieses Versprechen endlich bricht.

»Versprochen ist versprochen und wird auch nicht gebrochen.« Schon Kindern schärft man die Wichtigkeit des Einhaltens von Zusagen ein. Wortbruch ist schändlich, lernen sie. Im Leben von Bodo Hausmann spielt ein Versprechen eine zentrale Rolle. Er hat es im Alter von 25 Jahren gegeben, in einer Situation, die Hollywood gern als den ultimativen Treuezwang inszeniert: am Sterbebett seines Vaters. Der Inhalt des Versprechens ist knapp und klar, Hintertürchen gibt es keine: Bodo Hausmann gelobt, niemals nach seiner leiblichen Mutter zu suchen.

Er gibt dieses Versprechen nicht leichten Herzens. Es wurde ihm ja gerade darum abgerungen, weil der Vater wusste, dass es den Sohn zur Suche drängt. Und Bodo wird, eben weil der Vater das Versprechen mit jenem beinahe letzten Atemzug forderte, den man nur für Wichtiges nutzt, klar, dass da Bedeutendes – Verwirrendes also, Bestürzendes, Weltbildkippendes? – zu finden wäre.

Es ist nicht so, dass der 25-jährige Bodo Hausmann seine Mutter nie kennengelernt hätte. Er kann sich nur nicht an sie erinnern. Er war zweieinhalb Jahre alt, als der damals wichtigste Mensch in seinem Leben die Familie verließ. Aber nicht einmal das weiß er in dem Moment, als er dem Vater das Versprechen gibt, nicht an Familiengeheimnisse zu rühren. Gewiss weiß Bodo Hausmann zu diesem Zeitpunkt nur, dass er von einer Stiefmutter großgezogen wurde. Auch das aber hat er erst spät erfahren, durch Zufall, nicht etwa, weil man ihn ins Vertrauen gezogen hätte. Seine ganze Kindheit über hatte er sich nur gewundert und damit gerungen, dass die Beziehung zu der Frau, die er für seine Mutter hielt, so furchtbar, so konfliktreich, so ohne Wärme gewesen war. »Wie Hund und Katze«, sagt er, seien sie gewesen. Er war 15 oder 16 Jahre alt, ganz genau erinnert er sich daran nicht mehr, als er beim Stöbern in einem Schrank ein amtliches Dokument fand: seine Geburtsurkunde. Die schaute er sich für einen Moment mit jenem faszinierten Amüsement an, das man für alles übrighat, was das Wunder der eigenen Existenz auf das Maß einer amtlichen Banalität einzudampfen versucht. Bis ihm die Bedeutung des Papiers klarwurde. Im Feld mit dem Namen der Mutter stand ein Name, der ihm noch nie untergekommen war.

Viel Zeit hatte er nicht, sich über diesen Umstand und seine Gefühle klarzuwerden. Als er den Kopf aus dem Schrank zog, stand sein Vater hinter ihm. Der atmete tief durch und kämpfte damit, die Fassung zu bewahren. Er sah, was der Sohn in der Hand hielt, er wusste, was auf dem Dokument stand. Der Vater nahm Bodo die Urkunde ab und drückte ihm an deren Stelle fünf Mark in die Hand. »Hier, betrink dich, ich kann dazu nichts sagen«, brachte er gerade noch heraus. Das ist der ganze Vater-Sohn-Dialog über ein wahres Erdbeben des Selbstverständnisses.

Bodo Hausmann ging etwas trinken. Und fragte den Vater nie mehr. So eindringlich war dieses väterliche Versagen gewesen, diese Szene des Nicht-reden-Könnens, dass auch dem Jugendlichen klar war: Ein direkter Vorstoß würde nur auf weiteres Schweigen treffen, je dringlicher der Vorstoß, desto verstockter das Schweigen. Bodo versuchte, auf Umwegen an Informationen zu kommen, seine Verwandten hinzulenken aufs Reden über früher. Aber die schienen alle miteinander ein Schweigegelübde abgelegt zu haben, was Bodos frühe Kindheit, seine Geburt und die Zeit direkt davor anging. Die Schwestern und der Bruder des Vaters wichen allen Fragen aus. Nur die Stiefmutter ließ ab und an eher Verwirrendes heraus. Sie schwankte zwischen Schweigen und übler Nachrede.

Viel wusste auch die Stiefmutter nicht, das wurde Bodo schnell klar. Seiner leiblichen Mutter schien sie nie persönlich begegnet zu sein. Aber in ihr steckte ein Hass auf diese andere Frau, aus dem sie nun keinen Hehl mehr machen musste. Böse sei sie gewesen, brach es immer wieder in monotonen Variationen aus ihr heraus, keine gute Frau. Aber was genau der Vater seiner zweiten Frau über die erste erzählt haben könnte, um solche Abscheu hervorzurufen, wurde Bodo nicht klar. Er konnte nicht einmal Splitter von Informationen sammeln, allenfalls den Widerschein von Splittern. Nichts ergab Sinn.

Zudem hatte er, das gesteht er sich heute ein, damals und lange danach Angst vor der eigenen Courage. Was wäre denn, wenn er etwas herausbekäme? Worauf müsste er gefasst sein? Mit welchem Wissen leben? Welcher Schmutz wurde vor ihm verborgen, welcher Kummer, welche Schändlichkeit? Wie würde eine Begegnung mit seiner inzwischen ja betagteren leiblichen Mutter verlaufen? Oder lebte sie gar nicht mehr? Wie und wann war sie dann zu Tode gekommen? Bodo Hausmann gingen diese Fragen zwar immer wieder durch den Kopf, jahrein, jahraus. Aber er fürchtete sich vor konkreten Antworten, davor, dass die formlos negativen Behauptungen über seine Mutter durch konkrete Scheußlichkeiten ersetzt würden. Als der Vater ihm schließlich auf dem Sterbebett das

Versprechen abnahm, nicht nachzuforschen, war Bodo auch ein wenig froh. Vielleicht war dieses Versprechen nun der Riegel, hinter dem er die Unruhe für immer wegsperren konnte?

Aber das sollte sich als trügerische Hoffnung erweisen. Je weniger einer weiß, desto mehr scheint ihm möglich. Und desto mehr kann sich seine Phantasie entzünden. Bodo Hausmann weiß zu diesem Zeitpunkt weder, ob seine Mutter noch lebt, noch, wie sie aussieht. Natürlich könnte einer darum alles weitere Grübeln als aussichtslos aufgeben. Aber auch das Gegenteil ist möglich, das dauernde Grübeln. Jede Frau in einer bestimmten Altersgruppe, an der Bodo Hausmann auf der Straße vorbeiläuft, die er in einem Bus sitzen sieht, die beim Fleischer an der Theke wartet, könnte seine Mutter sein.

Es gibt kein noch so vages Bild erster Umarmungen, keine verschwommene Erinnerung an ein Gesicht, das sich über ein Kinderbettchen beugt. Das ist nichts Besonderes, denn die meisten unserer vermeintlichen frühkindlichen Erinnerungen fußen in Wirklichkeit auf Fotos, Amateurfilmen, den Erzählungen der anderen. Aber Bodo Hausmanns Gedächtnislücke ist auffallend groß, scheint einer Gedächtnisstörung nach einem Trauma zu ähneln, der – für eine gewisse Zeit – hilfreichen Verdrängung des Unerträglichen durch das Unterbewusstsein. Er kann sich an nichts erinnern, das vor seinem siebten Lebensjahr liegt, und er hat keine Dokumente, die ihm dabei helfen könnten, keine Fotos, keine Zeichnungen, keine in der Familie tradierten Anekdötchen. Die Abwesenheit aller Bilder jener ersten Zeit wird für Bodo Hausmann über die Jahre wichtiger als alle Erinnerungsbilder, über die er tatsächlich verfügt. Seine Frau Margrit nennt die Leere in paradoxer Verkehrung »einen Störsender«, der mal stärker, mal weniger stark in ihr gemeinsames Leben hineingestrahlt, aber nie Ruhe gegeben habe. Das Unbekannte war ein störendes weißes Rauschen, ein Knistern und Krachen, das den Alltag durchzog und manchmal auch verbog.

Bodo Hausmanns Erinnerung an die Kindheit setzt mit einem Moment der Erwählung ein. Mit seinesgleichen muss er sich im Ess- und Aufenthaltssaal eines Kinderheims im thüringischen Bad Langensalza in einer langen Reihe aufstellen. Ein fremder Mann schreitet diese Kinderkette ab – und bleibt vor ihm stehen. »Das ist mein Sohn Bodo«, sagt der Suchende. Und Bodo Hausmann fragt sich, was dieser völlig Unbekannte wohl ausgerechnet von ihm will. Denn das Erkennen ist ein ganz und gar einseitiges. Der Erwachsene mit dem schmalen Gesicht hat das Kind offensichtlich auf Anhieb sicher identifiziert. Der Junge jedoch spürt nicht die geringste Regung von Vertrautheit. Er kann erkennen, dass der Fremde gerührt ist. Aber dessen Gesicht – so erinnert sich Bodo Hausmann später an diesen Moment – löst keinerlei Erinnerung aus.

Die Reaktion beziehungsweise die fehlende Reaktion Bodos wird von den Erwachsenen ignoriert. Die haben Anlass zur Freude: Wieder einmal hat sich die massenhafte Entwurzelung und Familienzerstreuung durch den Krieg, vor der man zunächst ganz und gar ohnmächtig zu stehen schien, als korrigierbar erwiesen. Gewiss, es handelte sich um einen Einzelfall, aber die Welt ist eben eine Summe von Einzelfällen. Auf den nun eingetretenen Moment der Wiederfindung arbeiteten damals viele Menschen und Organisationen hin. Der Suchdienst des Roten Kreuzes hat Bodo in seinen Listen geführt. Das Bild des Jungen prangte auf Suchplakaten im ganzen Land. Sein Name wurde im Radio in den täglichen »Pinguin«-Aufrufen verlesen. Der so plötzlich aufgetauchte

Unbekannte hat den Aufruf gehört und sich gemeldet. Das System hat funktioniert. Bodos Reglosigkeit störte da nicht weiter, sie wurde vielleicht gar als Schockstarre des Glücks gewertet.

Aber Bodo Hausmann fühlt sich keineswegs heimgeholt in ein früheres Leben. Er kannte kein Leben mit Vater und Mutter. Für ihn war das Kinderheim sein vertrautes Zuhause, aus dem er nicht fortwollte. Die Worte »Das ist dein Vater, der nimmt dich jetzt mit« machen ihm Angst. Er will gar keine Zukunft, die anders sein würde als die Gegenwart, die er kannte. Aber den Siebenjährigen fragt keiner, so wenig, wie man ihn 1944 gefragt hatte, ob er von seiner Mutter getrennt werden möchte. Doch davon weiß er damals ja noch nichts.

Zweimal läuft Bodo dem Fremden auf dem Weg zum Bahnhof davon. Er ist schnell und wendig. Zweimal wird er wieder eingefangen, denn der Vater will nicht loslassen, was er schon einmal verloren hat. Bodo dämmert, dass dies keine Episode ist, aus der er durch Bekundung seiner Wünsche und seines Missfallens wieder zurückfinden wird ins Heim. Seine Gefühle fahren Achterbahn mit ihm. Denn sosehr Bodo in diesem Moment zurück ins Heim will, sooft er sich dort ein Morgen und Übermorgen als Tage im Rhythmus der Anstalt vorgestellt hat, so wenig ist auch ein Siebenjähriger immer nur eins mit sich und seinem Weltbild. Die Sehnsucht, von hier wegzukommen, der Traum von der eigenen Familie, er hat sie andauernd um sich herum gespürt. Und manchmal – vielleicht gerade darum, weil dieses andere Leben so gefahrlos fern schien – hat er zugelassen, dass sie auf ihn übergreifen. Dann hat auch Bodo versucht, sich vorzustellen, wie das wäre, wenn jemand Anspruch auf ihn erheben würde. Schließlich waren nach und nach viele der Kinder, die mit ihm das Leben im Heim teilten, von ihren Eltern oder ande-

Foto mit Eisbär: Bodo in seinem zweiten Schuljahr, 1951

ren Verwandten abgeholt worden. Und manchmal konnte man dank eines Zufalls sogar nachprüfen, dass eine solche Abholung in ein keineswegs schlechteres Leben geführt hatte. Bodos Freund Otto etwa lebte jetzt bei einem Schuhmacher gleich um die Ecke und wirkte eigentlich ganz vergnügt.

Zu diesen positiven Beispielen erfüllter Sehnsucht hatte sich jüngst noch etwas anderes gesellt, ein Angriff auf die Geborgenheit des Heims, auf Bodos Selbstbild, der ausgerechnet von jenen gekommen war, die bislang für Bodos Geborgenheit gesorgt hatten. Der Junge hatte vorsatz- und arglos die Kinderschwestern belauscht, als sie mit interessierten Adoptiveltern – auch die sprechen ja im Heim vor – über etwas redeten, das klang wie das Warenangebot an einem Obststand: »Die Besten sind schon weg.« Bodo hatte das einen jähen Stich versetzt. Wenn die Besten schon weg waren, dann hieß das, er war keiner von ihnen. War er etwas Angegammeltes, etwas Zweitklassiges? Ein Apfel mit Würmern? Was würde das für die Zukunft bedeuten? Würden die Schlechten vielleicht sogar immer schlechter werden?

Bodo hatte versucht, diese Gedanken rasch wieder zu verdrängen. Die vier Jahre im Heim waren alles, was er kannte. Aber als er nun zum zweiten Mal vor dem Tor des Heims wieder eingefangen wird und zum dritten Mal an der Hand des Fremden den Weg zum Bahnhof antreten muss, da mag die Angst in ihm mit einem anderen Gefühl gerungen haben: mit dem hoffnungsvollen Bangen, ob sich nicht auch bei ihm die Sehnsucht nach Familie wieder regen und er so diese abrupte Trennung als Befreiung empfinden könnte.

Noch als Erwachsener hat Bodo Hausmann den Weg, den er damals wegen seiner Fluchtversuche mehrfach zurückgelegt hatte, genau vor Augen. Als er Jahrzehnte später wieder am Bahnhof von Bad Langensalza steht, findet er sich sofort zurecht, kennt noch den Weg zu der Stelle, an der einst das Kinderheim stand. Doch nur dessen Umgrenzungsmauer ist noch übrig. In der Nachwendezeit ist hier ein japanischer Garten entstanden. Bodo Hausmann findet nur noch verwischte Spuren. Ob er damals wirklich so gedacht und gefühlt hat, wie er es sich heute schlüssig vorstellen kann – bei dieser Frage hilft ihm kein plötzlicher, intensiver Erinnerungsschub. Kein steinernes Gegenstück zum Heim im Kopf setzt neue Erinnerungen frei, die dann andere, tiefer verschüttete mit nach oben zerren könnten.

Der Weg vom Bahnhof zum Kinderheim ist der erste Abschnitt einer langen Suche. Eigentlich fühlt sich Bodo Hausmann noch immer an sein Versprechen gebunden, nicht in der Vergangenheit zu wühlen. Er mogelt sich nur erste Situationen zurecht, die etwas in ihm auslösen könnten, eine Reise hier, entsprechende Lektüre da. Er will einen Zufall erzwingen, um sagen zu können, er habe ja gar nicht vorsätzlich nach seiner Vergangenheit gesucht. Mittlerweile hat er sein Versprechen fast vier Jahrzehnte lang gehalten. Auf die Fragen seines Enkelkindes, ob er denn keinen Vater und keine Mutter habe, antwortet er diplomatisch: »Nicht mehr.« Das ist nicht gelogen. Aber es ist auch nicht die ganze Wahrheit. Nach der Wahrheit aber fragen nicht einmal seine eigenen Kinder. Die Generation der Großeltern, die sie nie kennengelernt haben, interessiert sie nicht. Für sie ist es normal, keine Aussagen treffen zu können über ein Familienleben vor jenem, an dem sie selbst teilgenommen haben.

Bodo Hausmann hofft, dass es irgendwann noch anders kommt. Seit fast einem halben Jahrhundert lebt er nun in der Schweiz. Er ist mit einer Schweizerin verheiratet und besitzt seit 1977 die eidgenössische Staatsbürgerschaft. So sind auch seine beiden Kinder Schweizer Staatsbürger geworden und empfinden darum vielleicht alles, was sich an Familiengeschichte in Deutschland abgespielt hat, als umso ferner und irrelevanter. Bodo Hausmann sagt heute, er sei mit seinem Umzug der kleinbürgerlichen und konfessionellen Enge des nordrhein-westfälischen Ortes Witten entflohen. Dorthin

Der erste Schultag für Bodo (2. v. links)

hatte ihn der Fremde, der sich Vater nannte, gebracht. Wie eng es hier zugeht, welch seltsame Regeln hier gelten, erfährt er am Beispiel seines besten Freundes. Der Junge ist katholisch, Bodo evangelisch. Ihm selbst bedeutet dieser Unterschied nicht viel. Für den Vater dagegen wiegt er schwer. Als Bodo sich zum katholischen Martinsfest ins Kolpinghaus einladen lässt und dort auch noch eine Wurst isst, verpasst ihm der Vater eine Tracht Prügel. Religion wird hier als etwas zutiefst Trennendes gelebt. Es gibt katholische und evangelische Jugendbanden in Witten. Die leben in ihren Kämpfen das Misstrauen der Erwachsenen weiter. Die Trennung zwischen den Konfessionen ist den Erwachsenen wichtig, als verliehe sie der Stadt im Ruhrgebiet damit eine verlässliche Struktur. Keine Frage also, dass Bodo auf eine evangelische Schule kommt. Dort hat er noch einige derselben Lehrer, die seinen Vater bereits unterrichtet hatten. Der allerdings war ein Musterschüler gewesen. Bodo fällt die Schule nicht so leicht. Er jongliert nicht fast freihändig mit mathematischen Formeln, und auch das Vokabellernen gehört nicht zu seinen Lieblingsdisziplinen. Was mit etwas Einfühlungsvermögen in die Psyche des Jungen und unter Berücksichtigung seiner Vorgeschichte eigentlich nicht hätte überraschen müssen. Doch damals denkt niemand in solchen Kategorien. Der Junge wird am Beispiel des Vaters gemessen – und als mangelhaft beurteilt. Bodo wird mehr als einmal der zufällig erlauschte Satz aus dem Kinderheim ins Gedächtnis gestiegen sein: »Die Besten sind schon weg.«

Die Mahnung, sich von den Katholiken fernzuhalten, ist nicht die Art Welterklärung, die der Junge gebraucht hätte. In der Phase der Lebensumkrempelung hätte er behutsame Führung, geduldige Erklärung, fürsorgliche Gelassenheit nötig gehabt. Aber der Vater hatte wohl nach eigenem Verständnis mit der Suche nach dem Sohn das Außergewöhnliche bereits vollbracht. Nun will er reibungslose Routine, denn er ist beruflich stark eingespannt. Auch er muss nach dem Krieg erst wieder Fuß fassen, arbeitet sich in der örtlichen Zuckerfabrik bis zum Prokuristen hoch. Bodos Probleme, so er sie überhaupt wahrnimmt, ordnet er der häuslichen Sphäre zu, dem Reich seiner zweiten Frau – die, wie Bodo Hausmann wieder und wieder versichert, zu Fürsorge nicht in der Lage war. Die wachsende Verunsicherung des Jungen ruft weitere Drillversuche durch die Erwachsenen hervor. Doch mehr Drill bringt mehr Verunsicherung. Bodo hält das nicht durch. Seine Leistungen brechen ein, er muss vom Gymnasium abgehen.

Bodos Vater ist wütend und enttäuscht, dass sein Sohn kein Abitur machen wird. Mit besonderer Beharrlichkeit macht er dafür ein harmloses neues Hobby des Jungen verantwortlich, das Tanzen. Das »Beingeschlenkere« sei schuld, habe Bodo vom Lernen abgehalten, ihm die Konzentrationsfähigkeit zerrüttet. Sehr viel später wird sich Bodo zusammenreimen, worin die Ursache für diese Fixierung auf ein vermeintliches Übel liegen könnte. Der Vater hat Bodos leibliche Mutter beim Tanzen kennengelernt.

Die Enttäuschung über das Schulversagen glaubt Bodo Hausmann noch am Totenbett des Vaters zu spüren. Wenn sein alter Herr gefragt wurde, was aus seinem Sohn geworden sei, sagte er bis zum Schluss, der sei im technischen Bereich tätig. Dass Bodo Betriebsmechaniker ist, bringt er nicht über die Lippen. »Das war ihm peinlich«, bekennt Bodo offen.

Die Verleugnung durch den Vater beschäftigt den einzigen Sohn lange. Die Beziehung zwischen den beiden ist längst höchst ambivalent. Die Distanz und die Missbilligungen schmerzen Bodo, aber sie nähren auch den Wunsch zu gefallen. Bodo Hausmann liebt seinen Vater trotz aller pubertären und nachpubertären Kämpfe, die sie miteinander ausfechten. Heute kann Bodo Hausmann die Schwachstellen, die Fehler, die Versäumnisse des überstrengen Mannes aufzählen und dann bilanzieren: »Er war herzensgut.«

Vor der Zeit meldet sich Bodo damals, um die Schulenttäuschung wiedergutzumachen, bei der Bundeswehr. So will er dem Vater imponieren, der im Krieg bei der Marine war. Der Dienst kostet Bodo weniger Überwindung, als er angenommen hat. Er kommt in einer streng hierarchischen Welt bestens zurecht. Schon im Kinderheim hat er sich in eine Gruppe einfügen müssen. Die reibungslos absolvierte Militärzeit könnte er dem Vater als Leistung nach dessen Vorgaben präsentieren. Endlich hat der Sohn etwas Respektables vollbracht. Doch stattdessen wagt er etwas Überraschendes.

Er tritt nicht näher an den Vater heran, als ahnte er, dass dessen Billigung sich auch in eine kaum zu überwindende Vereinnahmung verkehren könnte. Bodo Hausmann schlägt den entgegengesetzten Kurs ein. Er kehrt nicht nach Hause zurück, sondern siedelt in die Schweiz über. Dort werden Arbeitskräfte gesucht, und Bodo sieht die Chance auf einen zweiten völligen Neuanfang, diesmal nicht an der Hand eines Fremden.

Bodo Hausmann baut sich ein normales, unauffälliges, aber von Geselligkeit geprägtes Leben auf. Er entdeckt das Kanufahren, wird Mitglied im Jodelverein und engagiert sich im Heimatverband. Dort wird er der Bunkerbeauftragte und erforscht die Geschichte Schweizer Wehrhaftigkeit. Seine Heimatgemeinde Dietikon sei lange die größte Festung des Landes gewesen, merkt er nicht ohne Stolz an. Seiner Sprache hört man heute kaum mehr an, dass er eigentlich aus Deutschland kommt. Über die Jahre hat Bodo Hausmann das Idiom seiner neuen Heimat angenommen und klingt, als wäre er mit Schweizerdeutsch groß geworden. Mit Deutschland, erklärt er sich und anderen viele Jahre lang, wolle er nichts mehr zu tun haben. Die gelegentlichen Besuche am Familiengrab sind nur kurze Stippvisiten – erst recht, nachdem die Stiefmutter nach dem Tod ihres neuen Ehemannes einen Affront begeht. Sie lässt den Verstorbenen kurzerhand im Doppelgrab neben Bodos Vater beisetzen. Das ist ein Akt von Besitzergreifung, Beiseitedrängung und Ausschluss in einem. Bodo nimmt ihn weniger als Ausdruck geiziger Lieblosigkeit wahr denn als vorsätzliche Provokation. Das Band ist für ihn endgültig zerschnitten, nun lebt er eine Existenz ohne wirklichen Ursprung. Von seiner Stiefmutter spricht Bodo Hausmann nur noch als »die Schwiegermutter meiner Frau«.

Freunde und Bekannte in der Schweiz nennen ihn »den

Schwob«, den Deutschen. Damit ist auch für ihn alles gesagt. Mehr muss man nicht wissen. Kein Makel ist mit diesem Fehlen einer Familiengeschichte verknüpft. Seine Freunde bohren nicht nach früher, sie schütteln allenfalls den Kopf über seine jeweiligen Marotten. Dass der Schwob zum Beispiel beim Bergsteigen immer vorneweg läuft, immer zwei oder drei Kurven vor den anderen ist und niemanden direkt hinter sich erträgt. Oder dass er stets so parkt, dass er vorwärts wegfahren kann, und im Lokal nie mit dem Rücken zu den andern sitzt. Ein tiefes Misstrauen kommt da wieder zum Vorschein. »Ich brauche immer eine Wand hinter mir«, sagt er.

Bodo Hausmann ist stets fluchtbereit. Sein Sohn und seine Tochter nehmen es hin, ohne sich den Kopf darüber zu zerbrechen. Seine Frau begreift, dass er sich bereithält, dem Schmerz seiner Kindheit zu entkommen, sollte der ihn je wieder einholen. Sie weiß, dass er von nächtlichen Alpträumen geplagt wird, dass seine Verfolger Messer und Knüppel tragen. Seine Frau versteht, dass er zumindest am Tag die Kontrolle über sein Leben haben will. Wenigstens dann will er verlässlich schneller sein als die anderen. Will er tatsächlich auch schneller sein als alle seine Erinnerungen?

Nur noch der Vermerk seines Geburtsorts im Pass kündet von einer anderen Zeit. Im Februar 1942 ist Bodo Hausmann in Stettin zur Welt gekommen. Heute liegt der Ort in Polen. Damals gehörte Stettin wie ganz Pommern zum Großdeutschen Reich. Von der Schweizer Wirklichkeit ist das nicht nur geographisch weit weg. Der Zweite Weltkrieg im Osten ist hier noch viel weniger Teil einer kollektiven Erinnerung als in Deutschland. Selbst die eigene Rolle in der Zeit des Nationalsozialismus wurde hier erst im Zusammenhang mit dem Raubgold, das die Schweizer Banken für das NS-Regime verwahrten, zum großen Thema. Als eine Historikerkommis-

Bilder eines Familienidylls: Bodo mit seiner Mutter und seinem Vater

Foto ist bei einem Kurzurlaub des Marinesoldaten Hausmann bei seiner jungen Familie im Frühjahr 1942 entstanden. Bei diesem Besuch hat er seinen Sohn, dessen Geburt er verpasst hat, zum ersten Mal gesehen. Die Aufnahme vermittelt den Eindruck von Harmonie und Geborgenheit. Nichts deutet darauf hin, dass diese Liebe schon zweieinhalb Jahre später zerbrechen sollte. Auf einem weiteren Foto kniet der Vater neben einem Kinderwagen, in dem ein wild gestikulierender Bodo sitzt. Beide schauen vergnügt. Auch die Mutter wirkt auf all diesen Bildern nicht, als müsste sie sich zum Lächeln zwingen. Die Fotografien und die Geschichten, die Bodos Stiefmutter über seine leibliche Mutter erzählt hat, passen nicht zusammen.

Je tiefer Bodo Hausmann ins verbotene Land seiner Kindheit vordringt, desto orientierungsloser wird er. Er findet keine Gewissheiten, sondern Zweifel. Was er aber verliert, ist der Status des gehorsamen Sohnes, als den er sich so lange begriffen hat. Manchmal erscheinen ihm die Widerstände, die er überwinden muss, wie ein Geschenk. Wenn die Datenlage zu dürftig, die Spur unlesbar werden sollte, kann er nicht mehr weiter. Dann wäre von außen – oder gar: von oben? – eine Entscheidung für ihn getroffen worden. Denn in Bodo Hausmann kämpfen nun unversöhnliche Bedürfnisse miteinander. Er will seinen Vater nicht noch einmal enttäuschen. Aber er will auch Gerechtigkeit für seine Mutter. Er will nicht unhinterfragt glauben, dass sie zur Ehebrecherin wurde, während ihr Mann auf Feindfahrt mit ungewissem Ausgang musste.

Die Ehebruchgeschichte hatte Bodo einst von einer anderen Tante gehört. Die führte eine Gärtnerei in ebenjener Gegend, in der die 23-jährige Mutter mit Bodo unterkam, nachdem sie Stettin verlassen hatte. Im Einwohnermeldebuch des

Ortes Sorau in der Niederlausitz ist Gerda Martha Hausmann aber nie unter der Adresse ihrer Verwandten geführt worden. Das mag in jenen Jahren vergessen worden sein, aber vielleicht hatte die Schwester von Bodos Vater ihre Schwägerin auch von Anfang an absichtlich auf Distanz gehalten. Später jedenfalls hatte sie Bodo nur Abfälliges zu erzählen, davon, dass die alleinerziehende Kriegsmutter oft ausgegangen sei und überhaupt ein liederliches Leben geführt und die Abwesenheit des Vaters ausgenutzt habe. Resultiert diese Abneigung aus konkreten Erfahrungen? Oder wurden hier Übertreibungen und Zerrbilder zusammengerührt, die Abneigung und Zurückweisung nachträglich rechtfertigen sollten?

Bodo Hausmann findet keine schlüssige Antwort auf diese Fragen. Aber er erfährt, dass die Schwägerin ihrem Vater, Bodos Großvater, damals einen anklagenden Brief geschrieben hat. Der Erzürnte kam prompt angereist, um seine Schwiegertochter ins Gebet zu nehmen. Vielleicht, munkeln manche Hausmanns später, habe er bereits da im Namen seines Sohnes die Scheidung beantragen wollen. Familiengeschichte, lernt Bodo Hausmann, ist kein festes Gebäude aus Fakten, sondern ein beweglicher Wolkenturm aus Fragen und Widersprüchen. Gab es, möchte Bodo wissen, eine Aussprache der Ehepartner, eine Chance auf Verständigung und Versöhnung? Davon ist nirgends die Rede. Dafür kreisen manche Anekdoten und Zischeleien um die Frage, wie die Stimmung in der Familie war, als auch Sorau von den Alliierten bombardiert wurde. Ist Bodos Mutter mit ihm doch für kurze Zeit bei ihren Verwandten untergeschlüpft? Das scheint eher unwahrscheinlich, wenn stimmen sollte, dass ihr Schwiegervater bereits die Scheidung erwirken wollte und die Schwägerin als Zeugin der Untreue auftrat. Aber niemand kann mehr sicher

Winter 1942/43: ein lachender Bodo mit seiner fürsorglichen Mutter

sagen, ob der Schwiegervater tatsächlich so dachte und handelte. Gewiss ist, dass er aus Sorau wieder heimfuhr, ungewiss, mit welchen Zusagen oder Vorhaben im Gepäck und mit welchem Grimm im Herzen. Kaum zu Hause, starb er am 14. Dezember 1944 bei der Bombardierung Wittens. So kann sich in der Familie unwidersprochen und unbestätigt auch das Gerücht halten, er habe damals mit Billigung aller vorgehabt, seinen Enkel Bodo aus der Niederlausitz zu sich nach Witten zu holen. Das habe er seinem Sohn beim nächsten Heimaturlaub mitteilen wollen.

Tatsächlich war Gerda Hausmanns Noch-Ehemann zu dieser Zeit auf dem Weg nach Witten. Helmut kommt just am Tag des Bombardements in der Stadt an. Er schafft es gerade noch in einen Luftschutzbunker. Als die Sirenen Entwarnung jaulen, findet er sein Elternhaus in Trümmern. In einer Badewanne, so erzählt er später, habe er die Leichenteile seiner Eltern gesammelt.

Niemand weiß mehr, was der Vater dem Sohn erzählt hätte, wäre es noch zu einer Begegnung gekommen. Niemand weiß, was er ihm möglicherweise geschrieben hat, niemand weiß, ob dieser Brief, so es ihn gegeben hat, den Sohn hatte erreichen können. Ob er sich vielleicht gerade deshalb auf den Weg nach Witten gemacht hatte. Niemand weiß, wie konkret der Gedanke an Scheidung bei den Eheleuten war.

Zu diesen Ungewissheiten gesellen sich andere, je weiter sich Bodo vorwagt. Vor allem weigert er sich, zu glauben, dass ihn seine Mutter in der letzten Phase des Krieges in einem Kinderheim abgegeben und nach dessen Ende einfach nicht mehr abgeholt habe. Dass sie ihm dabei nur ein Schild mit Namen und Geburtsdatum um den Hals gehängt hat. Das jedenfalls habe man dem Vater angeblich bei der Abholung von Bodo erzählt. Die Schwestern sollen die Mutter mit den Worten zitiert haben: »Ich muss arbeiten, und sein Vater ist im Krieg.« Eine Version des Geschehens, die von einer Schwester an die nächste Schwester weitergegangen war, nach dem Stille-Post-Prinzip, und am Ende dem Vater präsentiert wurde. Bodo Hausmann muss sich davon nicht überzeugen lassen. Und wenn er es probehalber doch für möglich hält, dann knüpft sich daran schon die nächste Frage: Hatte die Mutter tatsächlich lieblos gehandelt, oder hatte es vielleicht wirklich keinen anderen Ausweg gegeben?

Bodo Hausmann weiß es nicht. Aber er glaubt noch immer, dass die Wahrheit irgendwo zu finden sei und dass sie sich, wenn man sie einmal vor sich hätte, als Wahrheit von all den anderen Geschichten unterscheiden ließe.

In diesem Glauben bekommt er auch Zuspruch. Noch während des Jahrgangstreffens erkennt eine der ehemaligen Schulfreundinnen Bodos Not. Auch sie ist spontan überzeugt, das Bild, das in der Verwandtschaft von Gerda Martha Hausmann gezeichnet wird, könne nicht der Wahrheit entsprechen. Auch ihr kommt es so vor, als werde da eine späte Rechtfertigung für jahrelanges Schweigen zurechtgezimmert. Die Verbannung Gerda Hausmanns aus der Erinnerung wird ja umso legitimer, je schlimmer man die geborene Kaminski darstellt.

Aus diesem Nachdenken der Schulfreundin über die Lage in der Hausmann'schen Familie erwächst ein großes Angebot: »Bodo, wenn du es dich nicht traust, dann mache ich es für dich.« Der 65-Jährige begreift sofort, dass das ein Weg wäre, das Auffindbare über seine Mutter zutage zu fördern und doch nicht wortbrüchig zu werden. Nach einigen Tagen Bedenkzeit siegt die Hoffnung auf eine Klärung über das Gefühl zu schummeln: Bodo Hausmann nimmt das Angebot an.

Es ist Frühsommer 2007, als die Freundin, versehen mit einer Vollmacht, an alle erdenklichen Archive und Auskunftsstellen schreibt und in Bodo Hausmann ein seltsamer Befreiungsprozess einsetzt. Er betrachtet sich jetzt nämlich nicht länger als Sohn, der ein Versprechen bricht, sondern als Assistent jener Frau, die ihm hilft, das Versprechen nicht zu brechen. Als Assistent einer Suchenden muss und darf man schließlich suchen. Ganze Nächte verbringt Bodo Hausmann

Das letzte Foto von Bodo Hausmanns Mutter aus dem Jahr 1975

nun in Internetforen und auf den Seiten der Ahnenforscher. Er hinterlässt Nachrichten und bittet um Mithilfe bei der Recherche nach seiner Mutter, nach etwaigen Geschwistern und anderen Verwandten.

Eines wird schnell deutlich: Gerda Martha Hausmann ist nicht in den Kriegswirren 1945 zu Tode gekommen. Sie ist erst 1976 in Lübeck verschieden.

So besagt es eine amtliche Sterbeurkunde. Damit beschert

die Suche Bodo Hausmann gleich zu Beginn eine große Bitternis. Seine Mutter hat den Krieg überlebt und sich dann trotzdem dreißig Jahre lang nicht bei ihrem Sohn gemeldet. Sie hat nicht einmal anfangs nach ihm gefahndet. Die Unterlagen des Rot-Kreuz-Suchdienstes belegen das eindeutig. Keine Anfrage von ihr liegt vor. Der beantworteten Frage nach dem Verbleib der Mutter folgen die viel schwierigeren: Was hat seine Mutter davon abgehalten, nach ihm zu suchen? Was ist in den Jahren 1944 und 1945 wirklich geschehen? Was hat diesen Menschen von der fürsorglichen Mutter und liebenden Ehefrau auf den Fotografien zu jener Frau werden lassen, die das kleine Idyll hinter sich lässt und ein Leben ohne ihre Familie weiterlebt?

Möglicherweise hat Bodo Hausmanns Vater selbst nicht von Anfang an gewusst, dass seine Frau den Krieg überlebt hat. Der Bombenkrieg hatte Sorau am 11. April 1944 erreicht. Die kleine Wohnung, in der Bodo und seine Mutter damals wohnten, wurde dabei zerstört. Auch die Gärtnerei der Schwägerin ging im Feuersturm unter. Hatte Bodos Vater also zunächst geglaubt, dass seine Frau und sein Sohn Opfer des Bombardements geworden waren? Zu dieser etwas tröstlicheren Variante – der Vater hätte nicht ganz so viel gelogen und verschwiegen – passt aber nicht, dass Gerda Hausmann angeblich bei ihren ungeliebten Verwandten Unterschlupf gefunden hatte. Die hätten dann ja gewusst, dass sie dem großen Angriff auf Sorau heil entronnen war.

Bodo Hausmann sucht in diesen Widersprüchen nach Anhaltspunkten, die Aufschluss über den Kenntnisstand seines Vaters im September 1945 geben könnten. Das Einzige, was er über diese Phase findet, ist ein amtliches Zeugnis. Helmut Hausmann heiratet ein zweites Mal. Ort der Eheschließung ist Berlin-Charlottenburg. Hatte er also tatsächlich eine

Scheidung erwirkt und durchgesetzt? Er konnte ja nicht auf der Basis heiraten, er sei Witwer. Hätte er die amtliche Feststellung des Todes seiner Frau betrieben, hätte er wahrscheinlich erfahren, dass sie noch lebte. Oder kam ihm doch ein Ämter- und Papierdurcheinander im besiegten Trümmerland zupass? Waren in Zeiten des Chaos auch staatliche Stellen einfach froh, wenn aus einer weiteren Eheschließung so etwas wie Zutrauen in den Aufbau eines neuen Deutschland abgeleitet werden konnte? Oder hat Helmut Hausmann absichtlich getrickst? Hat er vor Behörden, die noch keinen Zugriff auf Dokumente hatten, selbst den Tod einer Frau bezeugt, von der er wusste, dass sie noch irgendwo lebte? Versuchte da ein Ehemann, dessen Ehe nicht der Kitschromantik der Groschenromane entsprach, Krieg und Zerstörung für seine Zwecke zu nutzen? Entledigte er sich im Windschatten der Geschichte seiner Vergangenheit? Witterte er die einmalige Chance auf einen Neuanfang inmitten des Nachkriegschaos?

Was immer Helmut Hausmann im September 1945 gedacht oder gewusst haben mag – die Suche bringt ein Dokument ans Licht, das sein Wissen einige Jahre später belegt. Es ist eine Scheidungsurkunde aus dem Jahr 1951. Die große Frage, ob der Vater noch im Krieg oder direkt danach eine Scheidung erwirkt hatte, ist nun beantwortet: Nein. Wissentlich und vorsätzlich scheint er fast sechs Jahre mit zwei Frauen gleichzeitig verheiratet gewesen zu sein. Es gibt indes keinerlei Hinweise darauf, dass das juristische Folgen für ihn gehabt hätte. Haben verständnisvolle Beamte das abgenickt? Ging die späte Scheidung von ihr oder ihm aus? An jedem Bröckchen Wissen kleben für Bodo neue Fragen und Erklärungsansätze.

Hat die Mutter vielleicht doch – sozusagen auf dem kleinen Dienstweg, ohne den großen Suchdienst – nach ihrem Sohn gesucht? Hat sie damit Erfolg gehabt, aber so auch gleich von der Wiederverheiratung ihres Noch-Ehemannes erfahren? Ging sie davon aus, dass ihr Sohn ein liebevolles Zuhause hatte, das sie ihm nicht gleich wieder wegnehmen wollte? Hatte sie nicht mehr die Kraft oder den Mut, um ihn zu kämpfen? Ihre Chancen, Helmut vor Gericht einen unsittlichen Lebenswandel nachzuweisen oder ein sonst wie ungeeignetes häusliches Umfeld für das Kind zu belegen, wären nicht allzu gut gewesen. Im Ehedrama Hausmann gegen Hausmann hätte es etliche Zeugen gegeben, die sie als die Schuldige und Untaugliche benannt hätten. Hat sie damals schlicht vor der Übermacht der anderen kapituliert?

Mehr Fragen schüren nicht unbedingt mehr Neugier. Das Dickicht wird immer undurchdringlicher. Für Bodo Hausmann werden die Beweggründe für das Handeln der Mutter zunehmend bedeutungslos. Er weiß nicht einmal, ob er seiner leiblichen Mutter böse sein soll oder nicht. Ihm bleibt nur eine simple Gewissheit: »Ich hätte meine Mutter gerne kennengelernt.« Hätte er ihre Version der Ereignisse in Sorau und während der frühen Nachkriegsjahre hören können, wäre das für ihn ein Weg des Kennenlernens gewesen. Aber es hätten, glaubt er, gar nicht diese Themen sein müssen. Ihn hätten auch Geschichten vom ersten Zahn, von durchwachten Fiebernächten oder anderen letztlich unerheblichen Gegebenheiten glücklich gemacht. »Ich kann die Zeit leider nicht zurückdrehen.«

Aber gerade weil er die Hoffnung auf eine Innensicht aufgegeben hat, hält er an den äußeren Fakten fest. Sie sollen ihm helfen, nicht so sehr die Mutter, sondern die eigenen vergessenen Jahre greifbarer zu machen. Er findet manches Puzzleteilchen. Nach ihrer Heirat im November 1942 lebt Gerda Hausmann mit ihrem Mann kurze Zeit in Stettin, dann in Waren. Nach einem Jahr zieht das Paar nach Sorau um, Helmut ist versetzt worden. Das Leben der Familie richtet sich nach seinen Einsatzorten. Nach Sorau wurden 1943 Teile der kriegswichtigen Focke-Wulf-Flugzeugbau GmbH verlegt, in die Produktionshallen der Tuchfabriken und Leinenwebereien. Focke-Wulf stellt Jagdflugzeuge her, die den alliierten Bombergeschwadern entgegengeworfen werden. Je schlechter der Krieg für die Nazis läuft, desto mehr dieser Jagdflugzeuge werden gebraucht. Deren Fertigungsstätten wiederum sind vorrangige Ziele für die britischen und amerikanischen Einsatzplaner.

Gerda Hausmann ist gelernte Fremdsprachensekretärin für Englisch und Französisch. In dieser Funktion hat sie schon in Stettin bei der Gauleitung für Pommern gearbeitet. In Sorau findet sie Arbeit im Rüstungsbetrieb Focke-Wulf. Sie erlebt den Bombenangriff vom 11. April 1944 und den darauffolgenden in den Pfingsttagen. Sechzig Prozent der Altstadt Soraus liegen danach in Trümmern. Die Flugzeugproduktion aber wird nicht aufgegeben, sondern erneut verlegt, auch zum Schutz vor der heranrückenden Roten Armee. Focke-Wulf zieht mitsamt der Belegschaft in die Tschechoslowakei. Das stellt die junge Mutter vor ein praktisches Problem: Wo soll sie ihren Sohn unterbringen?

Wenn Bodo Hausmann sich diese Situation vorstellt, erscheint ihm das Weggeben eines Sohnes nicht mehr wie Lieblosigkeit. Er kann sich auch Besorgtheit und Liebe als Motiv vorstellen, einem Kind die Ungewissheiten des Zwangsumzugs zu ersparen. Vielleicht war die Mitnahme von Kindern bei dieser Flucht eines ganzen Industriebetriebs ja auch gar nicht möglich. »Das könnte der Grund gewesen sein, dass mich meine Mutter ins Kinderheim gebracht hat«, mutmaßt Bodo Hausmann.

Was Bodo jetzt fehlt, ist die Verbindung von Sorau, wo er

abgegeben worden sein müsste, nach Bad Langensalza. Wieder erweist sich ein kleines Zettelchen als wichtige Wegmarke dieser vergessenen Reise. Ein Dokument verrät, dass er in Planitz gegen Typhus geimpft worden ist. Der Name des Ortes sagt Bodo Hausmann zunächst gar nichts. Aber die Impfung erlangt Bedeutung, als er sie mit einer weiteren Spur verbinden kann. Unter vielen anderen Stellen hat Bodo Hausmann auch an das Stadtarchiv in Bad Langensalza geschrieben. »Sie sind vom Glück begleitet«, beginnt der Antwortbrief von dort, »ich habe eine gute Nachricht für Sie.« Die freundliche Helferin im Archiv hat eine Frau ausfindig gemacht, die als junges Mädchen als Praktikantin im Kinderheim der Nationalsozialistischen Volksfürsorge gearbeitet hat. Obendrein hat sie eine Postkarte für Bodo, auf der das Heim abgebildet ist.

Mit solchen Fundstücken kann Bodo Hausmann seiner Vergangenheit wie ein Inspizient beim Theater Kulissenteil um Kulissenteil zuweisen. Ein Bild entsteht, wenn auch ganz allmählich. Bodo kontaktiert die ehemalige Kinderheim-Praktikantin, die nach dem Krieg in Bad Langensalza geblieben ist. Sie kann sich an ihn persönlich nicht erinnern. Das war nicht anders zu erwarten, trotzdem spürt der Suchende eine irrationale kleine Enttäuschung. Aber in die mischt sich auch Freude. Die inzwischen betagte Dame kann vom Winter 1945 erzählen, als ein Kindertransport bei klirrender Kälte in Richtung Cottbus aufbrach. Die Heimleitung wollte die Kinder vor der Roten Armee in Sicherheit bringen. Seit Wochen schon zog ein Flüchtlingsstrom aus dem Osten durch Sorau. Die zuständige Gauleitung allerdings unternahm keinerlei Anstalten, die Bewohner des Ortes zu evakuieren. Sie war auf den Endsieg eingeschworen oder hielt sich jedenfalls an das generelle Verbot einer Flucht nach Westen.

Doch nicht jeder Verantwortungsträger war so blind

linientreu wie die Gauleitung. Bei der Leitung des Kinderheims zeigten die Berichte der Flüchtlinge und die über Jahre auch von der NS-Propaganda geschürten Ängste vor den Russen Wirkung. Anfang Februar 1945 entschied man daher, die Kinder und Angestellten in Sicherheit zu bringen. Die große und kleine Belegschaft ging auf eine Reise, deren genauen Verlauf heute keiner mehr kennt. 38 Menschen drängten sich auf einem Traktoranhänger zusammen. Auf einem zweiten Hänger verstauten die Erwachsenen Gepäck und Lebensmittel. Ein Traktor sollte beide Hänger ziehen.

Bodo zählte mit seinen drei Jahren zu den Jüngsten in der Gruppe. Er wird kaum verstanden haben, was um ihn her geschah. Die Kälte jedoch wird er deutlich gespürt haben. Gegen sie halfen auch die Wolldecken nicht, in die man die Kinder einpackte. Weil die Straßen in dieser Endphase des Krieges voll mit Flüchtlingen waren, musste man die Kälte lange aushalten. Die Reisegesellschaft kam nur schleppend voran. Eine Schule in der Nähe des Cottbusser Bahnhofs bot ein provisorisches erstes Nachtlager.

Die Evakuierten schliefen auf Stroh, das man auf den blanken Fußboden gestreut hatte. Am nächsten Morgen wurde ihre Gruppe noch größer. Trotz der Enge auf den Anhängern nahm man auch ein paar jener Kinder mit, die bei einem alliierten Angriff auf Cottbus verletzt worden waren. Im Kriechgang, mit Zwangspausen, zwischen Panik und Schicksalsergebenheit ging es die nächsten Tage weiter, mit Übernachtungen in Schulen und Kindergärten. Oft war der Lärm der Gefechte zu hören, aus Flüchtenden wurden Eingeholte. Der Übernachtungsplatz Planitz-Deila war bereits von der Roten Armee eingenommen, der Treck kam nicht weiter. Die Kinder waren hier sicher, die Erzieherinnen jedoch den Übergriffen der russischen Soldaten ausgesetzt.

Was Bodo Hausmann über diese Zeit erfährt, sind Geschichten des kollektiven Erlebens. Es gibt keine Anekdoten mit ihm in der Hauptrolle, keine Erinnerungen an etwas, das dieser spezielle Dreijährige gesagt oder getan hat. Wie auch? Diejenigen, die sich erinnern könnten, lebten sie denn alle noch und könnte Bodo sie alle aufspüren, hätten vor allem Erinnerungen an eigenes Leid, an eigene Anstrengungen. Die eine Betreuerin, die ihm etwas erzählen kann, hatte bei einem Bombenangriff auf Eberswalde fast ihre gesamte Verwandtschaft verloren. Sie hatte sich damals während eines Zwischenstopps des Trecks aufgemacht, ihre überlebende jüngere Schwester und ihre kleine Nichte zu sich zu holen. In einer abenteuerlichen Rettungsaktion war ihr das auch gelungen. Denkt sie an damals, hat sie vor allem diese Bilder im Kopf. Die Geschichte Bodo Hausmanns lässt sich nur schwer aus der ihren herausschälen. Mit einem einfachen Satz fasst die 83-jährige Dame den Ausnahmezustand zusammen, die Tatsache, dass Dinge getan und erlitten wurden, für die es im Frieden schon bald keinen passenden Maßstab mehr gab: »Wir haben ja alle versucht zu überleben.«

Immerhin, Bodo Hausmann weiß nun: Das Kriegsende haben er und die anderen früheren Mündel des Sorauer Kinderheims in Planitz erlebt. Die russischen Soldaten zeigten sich, in krassem Widerspruch zu ihrem Umgang mit den Frauen, von ihrer kinderlieben Seite. Auf einem Bauernhof stahlen sie ein Schwein und brachten es den hungrigen Kleinen. Das Ende des Krieges machte die Sieger großzügig. Die Erzieherinnen brieten die Beute. Im Oktober wurden die Kinder in dem kleinen Ort sogar gegen Typhus geimpft. Bodos Dokument hat nun eine Geschichte bekommen.

Die Erwachsenen, so erinnert sich die alte Dame, haben ihr Vorhaben dennoch nicht aufgegeben. Sie wollten nach wie vor in ein Gebiet gelangen, das nicht unter russischer Verwaltung steht. Bad Langensalza, so hören sie, befinde sich in amerikanischer Hand. Mit Geschick und Hartnäckigkeit gelingt den Erzieherinnen der neuerliche Aufbruch, diesmal per Güterzug. Aber als sie in Bad Langensalza ankommen, ist die Enttäuschung groß. Die amerikanischen Truppen sind längst wieder abgezogen und haben die Stadt den Russen überlassen. Die Kinder kommen zunächst dort unter, wo heute in der historischen Altstadt das Restaurant »Ratswaage« Gäste bewirtet. Im dortigen Kellergewölbe finden sie Obdach.

64 Jahre später sitzt Bodo Hausmann mit seiner ehemaligen Betreuerin in der »Ratswaage« und tilgt einen weiteren blinden Fleck seiner Biographie. Er weiß nun auch, wie es von hier weitergegangen war. Das Register der Neuzugänge in der Stadt Schönstedt in der Nachbarschaft Bad Langensalzas vermerkt die Ankunft Bodo Hausmanns für den 20. November 1945. In einem zum Kinderheim umfunktionierten Gutshaus lebt er dort ein knappes Jahr. Für den 7. November 1946 vermeldet die Auflistung: »Verzogen nach Kinderheim Langensalza«. Im dortigen Kreiskinderheim in der Winkelgasse 1 endete die Flucht, die in Sorau ihren Ausgang genommen hatte.

Bodo Hausmann ist damals viereinhalb Jahre alt. Niemand weiß, wo seine Eltern sind. Sein Vater stellt die erste Suchanfrage beim »Pinguin-Suchdienst« erst eineinhalb Jahre nach Ende des Krieges. Die Spur der Mutter hat sich zu diesem Zeitpunkt bereits verloren. Bodo Hausmann ahnt, dass er diese Spur nicht wird aufnehmen können, wenn kein Wunder geschieht. Was in den Jahren zwischen seiner Abgabe im Kinderheim und ihrem Tod passiert ist, wird dann ihr Geheimnis bleiben.

Doch das Wunder geschieht. So jedenfalls bezeichnet der

67-Jährige eine Begegnung via Internet. Er selbst ist dort nächtelang auf der Suche nach Spuren, Hinweisen, Menschen, Archiven. Aber vom anderen Ende der Welt her sucht auch jemand. Eines Tages liegt eine Botschaft in Bodo Hausmanns elektronischem Postfach. Sie kommt aus den USA – und aus der Welt seiner Mutter. Der Verfasser entpuppt sich als ein Cousin von Bodo, als Sohn der jüngsten Schwester seiner Mutter. Der Mann forschte im Internet nach Verwandten auf dem alten Kontinent.

Mit einem Mal ist Bodo Hausmann in Kontakt mit einer ganz anderen Familienwelt: einer, in der selbstverständliche Gewissheit ist, was ihm ganz unbekannt war, in der aber umgekehrt vieles von dem unbekannt oder allenfalls noch geahnt war, wovon Bodo Hausmann Kenntnis hatte. Von dem bis eben noch fremden Cousin und dessen Bruder erfährt Bodo Wichtiges über seine Mutter. Etwa, dass sie drei jüngere Geschwister hatte, zwei Brüder und eine Schwester. Zwei von ihnen, die Schwester und der jüngere der Brüder, sind noch am Leben. Nicht nur die Familie ist damit im Handumdrehen größer geworden, auch die Auskunftsmöglichkeiten sind es, die Bodo Hausmanns Herz höherschlagen lassen. Denn auch wenn der Cousin sich aus den USA gemeldet hat, die neu gefundene Tante und der Onkel leben in Reichweite – in Nordrhein-Westfalen.

64 Jahre nachdem diese zum letzten Mal etwas von Bodo Hausmann gehört haben, meldet er sich bei ihnen. Das Erstaunen der beiden ist möglicherweise noch größer als das von Bodo über die Mail des amerikanischen Cousins. Denn die Geschwister der Mutter wussten zwar, dass Gerda diesen Sohn gehabt hatte, aber sie waren auch davon überzeugt, er sei tot, ums Leben gekommen beim Bombardement Soraus. Die nun einsetzenden Telefonate wollen kein Ende nehmen.

Man muss das ja auch erst einmal begreifen: Ein Totgeglaubter lebt. Bodo muss in diesen hochemotionalen Stunden oft gegen Tränen kämpfen, seinen Gesprächspartnern geht es nicht anders.

Das Erstaunliche ist nicht, dass sie einander gefunden haben. Das Erstaunliche ist, wie nahe sie einander zu manchen Zeiten waren, ohne voneinander zu wissen. Der mittlerweile verstorbene Bruder Gerdas hatte in Witten in derselben Straße gewohnt wie Bodo mit Vater und Stiefmutter. Bodo und sein Cousin aus dem Clan der Kaminskis waren vom gleichen Pfarrer konfirmiert worden, wenn auch mit sieben Jahren Abstand.

Die Welt stünde für Bodo Hausmann auch kopf und müsste neu sortiert werden, wenn die ersten Eindrücke und Aussagen dieser Familienbegegnung Bestand hätten. Aber im Lauf des Kennenlernens löst sich eine anfängliche Gewissheit zunehmend in Ungewissheit auf – die Behauptung, man habe Bodo für tot gehalten. Ebenjener Cousin, mit dem er die Konfirmationskirche gemein hat, lässt nämlich nach und nach Zweifel an dieser Variante erkennen. Er meint sich zu erinnern, hie und da etwas aufgeschnappt zu haben, was so klang, als sei Gerdas Kind schon noch irgendwo da draußen. Für den Familien- und Seelenfrieden aber scheint es besser gewesen zu sein, von Bodo irgendwann in der Kategorie des Gestorbenseins zu denken. Familien sind schwer zu durchschauende Gebilde, merkt der Nachforschende wieder einmal. Und doch, so spürt er durch alle Frustration hindurch, ist es besser, eine zu haben.

Den Weg von Zürich nach Bielefeld zur Verwandtschaft legen er und seine Frau oft zurück. Jedes Treffen bringt Neues zutage. Eine Antwort auf seine Lebensfragen, warum die Mutter nicht nach ihm gesucht, warum sie nie Kontakt mit ihm aufgenommen hat, bekommt er auch in Bielefeld nicht. Aber er kann nun den Lebensweg seiner Mutter nachzeichnen. Nach der Verlagerung ihrer Arbeitsstätte ins Sudetenland, weiß Bodo nun, hat sie dort auch den Sieg der russischen Armee erlebt. Wie viele andere Frauen wurde sie dabei das Opfer schwerer Misshandlungen. Ihrem jüngeren Bruder Eberhard hat sie einmal erzählt, die Behandlung durch die Tschechen sei schlimmer gewesen als alles, was sie über das Schicksal deutscher Frauen bei den Russen gehört habe.

Als Opfer, als Zerstörte aber wollte Gerda sich offenbar nicht sehen. Trotz aller furchtbaren Erlebnisse besaß sie wohl noch Attraktivität und Ausstrahlung, vor allem aber den Willen, sie einzusetzen. Gerda gelang es, nach Berlin zu kommen – offenbar mit hochgesteckten Zielen. Angeblich habe sie zum Film gewollt, erfährt Bodo nun. Ein Informationssplitter, der ihren Sohn verständlicherweise besonders neugierig macht. Welchen Lebensmut, fragt er sich, muss diese Frau gehabt haben, um aus Schikanen und Leid direkt ins Scheinwerferlicht wechseln zu wollen?

Von einem Bekannten habe Gerda damals Fotos von sich machen lassen, erzählt man Bodo Hausmann. Die habe sie an Filmproduzenten geschickt, in der Hoffnung, entdeckt zu werden. Zwar wüsste man gerne, welchen Lebenslauf oder welches Anschreiben Gerda Hausmann beigelegt hat, auf welche Qualitäten und Kenntnisse sie verwies, welche schauspielerischen Erfahrungen oder Hoffnungen sie da aufführte. Doch dazu schweigt die mündliche Überlieferung in der Familie, wohl wirklich aus Unkenntnis. Dafür bewahrt sie ein anderes Detail auf: Gerda Hausmann habe die Fotos unter einem fremden Namen geschickt.

Daran ist zunächst nichts Erstaunliches. Dass Gerda Hausmann als Name wenig taugte für die großen Plakate, dass er nicht nach aufregendem Schicksal, sondern kleinbürgerlich und hausbacken klang, fiel wohl nicht nur Filmprofis auf. Und dass Filmstars unter anderen Namen als denen in ihren Personalausweisen Karriere machen, könnte auch für Gerda ein alter Hut gewesen sein. Gut vorstellbar also, dass sie sich gleich im ersten Bewerbungsschreiben bei der Glitzerwelt selbst ein Pseudonym gegeben hatte. Die Filmleute hätten sich darum, wären sie an ihr interessiert gewesen, entweder nicht weiter geschert oder ihr gegebenenfalls einen weiteren neuen Namen verpasst. Oder sie hätten gar zufrieden zur Kenntnis genommen, dass diese Neue immerhin schon mal wusste, dass mit ihrem ganzen alten Leben nach außen Schluss sein musste, noch bevor zum ersten Mal der Scheinwerfer anging.

In Bodo Hausmanns Familie aber wird dieser Umstand der Namensänderung nicht als normaler Begleitumstand der Bewerbung beim Film tradiert. Er wird als Ordnungswidrigkeit erinnert. Man spricht davon, dass sie ihren Namen gefälscht habe. Mehr noch, man erzählt Bodo, der Betrug, wie sie das nennen, sei »aufgeflogen«. Man könnte das als eigenwillige, ja durchaus schadenfrohe Interpretation der Tatsache deuten, dass sich die Türen zu den Filmstudios für Gerda trotz ihres Pseudonyms nicht geöffnet haben, würde der Höhepunkt der Anekdote nicht geradezu absurd geraten. Nachdem die Täuschung aufgeflogen sei, so der Familienklatsch, sei Gerda zu 14 Tagen Gefängnis verurteilt worden.

Diese Behauptung ergibt nicht den mindesten Sinn. Niemand wird angezeigt, ja verurteilt, weil er in einem »Schautauf-mich«-Brief an ein Filmstudio mit einem anderen als dem Geburtsnamen unterzeichnet. In keiner Situation ist es so wenig wahrscheinlich wie bei der Bewerbung um Probeaufnahmen, dass Gerda Hausmann sich in hochstaplerischer Absicht unter dem Namen einer etablierten Schauspielerin vorgestellt haben sollte. Es ging ja nicht darum, eine Hotel-, eine Restaurant-, eine Schneiderrechnung zu prellen. Es ging darum, einen Termin zu erhalten, in dessen erster Sekunde der Bluff aufgeflogen wäre, um eine Begegnung mit Profis also, die jede argwillige Hochstaplerin vermeiden muss.

Entweder hat die Familiengeschichte hier eine Lücke, ist eine Folge von Informationen verlorengegangen und der Rest falsch aneinandergefügt worden. Dann hätte Gerda vielleicht tatsächlich eine kleine Strafe erhalten, wegen einer eher harmlosen Schwindelei um die Zeit ihrer Filmbewerbung herum. Oder die Episode mit der Haft ist eine Legende, die Verdichtung von Vorbehalten und latenter Abneigung zu einer gerechten Strafe, die man ihr gönnte. Dass in der Familie keinem auffiel, dass es zwischen der Pseudonymerprobung und dem Gefängnisaufenthalt keinen Ursache-Wirkungs-Zusammenhang geben konnte, lässt darauf schließen, dass man sie in dieser Form gern erzählte und hörte. Aber warum? Auch Bodo Hausmann fällt diese Ungereimtheit zunächst nicht auf. Sein Bedürfnis, etwas zu erfahren, ist zu diesem Zeitpunkt so groß, dass er auch das Unangenehme als Fakt annimmt, nur um überhaupt Fakten zu haben.

Immerhin: Auch eine missgünstige Familienüberlieferung kommt nicht um das Eingeständnis herum, dass Gerda nicht lange hinter Gittern verbannt blieb. Im Oktober 1946 meldet sie sich in Lübeck als wohnhaft an. In ihrer Gesellschaft befindet sich ein junger Mann. Die beiden treten als Paar auf. Der Kontakt zur Familie läuft über ihren Bruder, der sie um diese Zeit im Krankenhaus besucht, wo sie des Verdachts auf Tuberkulose wegen liegen muss. Karl, ihr damaliger Lübecker Gefährte, befindet sich deshalb schon in Behandlung und könnte sie angesteckt haben.

Gerda Hausmann in Lübeck, wo sie nach dem Krieg lebte

Die Familie Kaminski versuchte in diesem ersten Nachkriegsjahr wie die meisten anderen auch, ihr Leben wieder in geordnete Bahnen zu lenken. Dazu gehörte auch, dem Vater, den es in die Russische Besatzungszone nach Greifswald verschlagen hatte, zur Flucht in die britische Zone zu verhelfen. Sohn Eberhard und Max, ein tschechischer Bekannter Gerdas aus Kriegstagen, der Russisch spricht, schlugen sich dazu in die Stadt an der Ostsee durch. Wie groß die Angst in diesen Tagen war, sprechen alle Beteiligten erst Jahrzehnte später wirklich offen aus. Eberhard hat seine ganz eigene Erklärung für das Verschweigen wichtiger Elemente der Vergangenheit, die fast alles umfasst, was seit der Flucht aus Stettin geschehen war. »Der Krieg hat uns die Seele gefressen«, kommentiert er mit dem Abstand eines Erwachsenenlebens. Lange hielt man sich beim Erzählen an die Episoden, die von glücklichen Fügungen und trickreichen Listen handeln. Man malte nicht die Angst aus, sondern schwelgte im Gelingen. Man erwähnte gern, dass sogar zwei Koffer mit Habseligkeiten des Familienoberhaupts die Reise überstanden hätten. Weniger ausführlich erzählte man, dass Gerdas Freundschaft zu Max dieses Abenteuer nicht überstanden hat. Angeblich hatte ihr Bekannter versucht, sich mit einem der Koffer davonzumachen. Gerda verzeiht ihm das nicht. Blut ist auch für sie in diesem Fall dicker als Wasser.

Das Beinahe-Abhandenkommen eines Koffers ist ein Thema in der Familie Kaminski. Und das tatsächliche Abhandengekommensein eines Kindes? Mit ihrem neuen Lebensgefährten Karl Ortlieb besucht Gerda regelmäßig ihre Eltern, die sich in Itzehoe niedergelassen haben. An die eigene Mutterschaft muss sie schon deshalb immer wieder erinnert worden sein, weil ihre Eltern spät noch ein weiteres Kind bekommen haben. Tatsächlich lernt Gerda ihre kleinste Schwester Ingrid erst 1949 kennen. Ihr Antrittsgeschenk als große Schwester sind einige reife Bananen und zwei viel zu kleine Kinderkleidchen. Beides, so die Überlieferung, sei bei Ingrid nicht gut angekommen. Trotzdem entwickelt sich zwischen den Schwestern, die vom Alter her zwanzig Jahre auseinanderliegen, eine intensive Beziehung.

Im Sommer 1954 besuchen Gerda und Karl die Familie während eines Ostseeurlaubs in Heiligenhafen. Dank des Lastenausgleichs für Vertriebene hatte die Familie endlich wieder ein wenig finanziellen Spielraum, um in die Sommerfrische zu fahren.

Zu diesem Zeitpunkt liegt Gerdas Scheidung von Helmut Hausmann bereits drei Jahre zurück. Im Rahmen des Prozederes war der Exmann gefragt worden, ob er Gerda eine kleine finanzielle Unterstützung zukommen lassen könne. Er verneinte – er habe selbst nicht viel zum Leben. Ob Gerda in dieser Zeit versucht hat, an ihren Sohn zu schreiben, und der Vater die Briefe unterschlagen hat, bleibt ebenso unbelegbare Theorie wie die These, sie habe ihren Sohn da noch immer tot gewähnt. Im März 1955 heiratete Gerda ihren Lebensgefährten Karl. Es war wohl keine Heirat aus ökonomischem Sicherheitsbedürfnis. Karl Ortlieb brachte als Schiffssteward auf der Fähre nach Schweden nicht viel Geld nach Hause. Gerda entschied sich mit dieser Ehe für ein Leben in ärmlichen Verhältnissen. Aber was immer an Liebe oder Leidenschaft vorhanden gewesen sein mag, die Ehe stand unter keinem guten Stern. Bereits 1957 war Karl nicht mehr unter der gemeinsamen Adresse gemeldet. In der Familie wird tradiert, er sei viele Jahre lang in Lungensanatorien gewesen, um seine Tuberkuloseerkrankung auszukurieren. Die wenigen Eckdaten, die Bodo Hausmann in Erfahrung bringen kann, deuten auf ein Leben voller Beschwernisse. In den Unterlagen des Einwohnermeldeamts von Lübeck sind viele Umzüge verzeichnet. Zum Aufatmen im Frieden scheint die Frau, die keine Kinder mehr hatte, nie richtig gekommen zu sein.

Im Sommer 1957 tauchte Gerda unangemeldet bei ihrer Familie auf und bat um Unterkunft. Die Kaminskis wohnten mittlerweile in Essen, weil der Vater hier eine Anstellung bei der Bahn gefunden hatte. Man tat, was man damals eben tat, man rückte enger zusammen. Die älteste Tochter Gerda schlief auf dem Wohnzimmersofa. Briefe von ihrem Mann wollte sie mittlerweile nicht mehr annehmen. Für diesen Zeitraum konkurriert die Familienüberlieferung vom ausgedehnten Sanatoriumsaufenthalt mit einer anderen, böseren – der von einem längeren Gefängnisaufenthalt Karls. Bodo findet weder für die eine noch die andere Variante Belege. Er kann nur von der Vermutung ausgehen, dass sich jeder in der Familie die Variante zurechtgelegt hat, die den jeweiligen Erwartungen und Sympathien entspricht.

Was immer sich an negativen Stimmungen entwickelt und gehalten haben mochte, im Sommer 1957 lebten die Kaminskis eine große familiäre Nähe. Die jüngste Schwester Ingrid erinnert sich an die Sonntagnachmittagsspaziergänge, auf denen Gerda sich innig bei der Mutter einhakte und ihr Geschichten erzählte. Sie selbst lernte von der überraschend heimgekehrten großen Schwester das Tanzen, um für die geselligen Abende im anstehenden Urlaub gerüstet zu sein. Was Bodo erzählt wird, klingt, als wären das trotz Enge und Einschränkungen heitere Tage gewesen.

Doch dann erkrankte Gerda schwer, wie sich ihr Bruder Eberhard erinnert. Aber woran? Er meint nur noch zu wissen, dass sie in einem Essener Krankenhaus »am Kopf untersucht« wurde. Was immer sich hinter dieser unpräzisen Beschreibung verbergen mag, es warf mit einem Mal einen dunklen Schatten über Gerdas Aufenthalt bei der Familie. Ingrid erinnert sich, dass Gerda sich offenbar verfolgt fühlte. Bemächtigten sich ihrer in der vergleichsweise entspannten familiären Atmosphäre die Gespenster der Vergangenheit? War da eine innere Abwehr erlahmt, versagten schützende Verdrängungsmechanismen? Waren Bomben, Vergewaltigung, die Sehnsucht nach ihrem einzigen Kind, das sie aus ihrem Leben hatte reißen müssen, plötzlich wieder gegenwärtig? Waren schlicht ihre Überlebenskräfte in diesen Sommertagen aufgebraucht? Die Gespenster bedrängten Gerda offenbar so sehr, dass sie auf der Straße auffällig und von der Polizei nach Hause gebracht wurde.

Die strengen, teils verklemmten Anstandsvorstellungen der Fünfziger mögen hier ihre unanständig ausgrenzende Wirkung entfaltet haben. Nur nicht auffallen, war allerorten die Devise, nur nicht von der Norm abweichen. Wer es doch tat, brachte »Schimpf und Schande über die Familie«, wie man gerne sagte. Hat Gerdas seelische Unruhe, die den Nachbarn Anlass zu Klatsch und Tratsch und Blicken hinter dem Vorhang hervor gegeben haben dürfte, den Unmut entzündet, der in mancher der Familienerinnerungen spürbar wird? Eine Erinnerung an die Ursache dieser Erkrankung oder auch nur daran, wie die Diagnose lautete, hat allerdings niemand mehr.

Als die kleine Schwester aus den Ferien nach Hause zurückkam, war die große Schwester bereits verschwunden. Abläufe und Zusammenhänge kann heute keiner mehr erklären. Gerdas Mutter schwieg damals zu dem Geschehen. Das konnte sie »sehr vielsagend«, sagt Ingrid. Der Bruder glaubt zwar nicht, dass es einen chirurgischen Eingriff gegeben haben könnte. Sonst, so beteuert er, hätte er seine Schwester bestimmt im Krankenhaus besucht. Aber niemand kann mehr sagen, wann und mit welcher Begründung Gerda ging oder geholt wurde. Sie war aus heiterem Himmel aufgetaucht, und sie scheint, glaubt man den Erinnerungen, verschwunden, als hätte sie einen Moment des kollektiven Blinzelns zur Flucht genutzt. Vor dem Lidsenken war sie noch da gewesen, nach dem Lidheben weg. Einzig ein Bekannter von ihr, so weiß man noch, sei einmal am Silvesterabend aufgetaucht und habe bei ihren Eltern vorgesprochen. Sichtlich verliebt, drängte er darauf, Gerda solle Karl, ihren Ehemann, verlassen. Er habe keinen guten Einfluss auf sie. Dieses Bruchstück der Erinnerung, unzuverlässig wie so viele andere, legt nahe, dass Gerda wieder mit dem von was auch immer zurückgekehrten Karl zusammengezogen war.

Für die darauffolgenden Jahre werden Gerdas Lebensspuren immer spärlicher. Im Einwohnerverzeichnis wird sie inzwischen als »Arbeiterin« geführt, obwohl sie eine viel qualifiziertere Ausbildung absolviert hat. Zu ihrer Krankheit, deren Natur, Ausmaß, Behandlung, lässt sich nichts weiter in Erfahrung bringen. Die Krankenakten der Uniklinik Lübeck wurden wie alle Akten, die nicht von öffentlichem Interesse sind, nach dreißig Jahren vernichtet. Dort aber muss sie zumindest einmal gewesen sein, das verrät das abschließende Dokument ihres Lebens. Die Sterbeurkunde hält fest, dass Bodo Hausmanns Mutter im Juli 1976 in der dortigen Universitätsklinik verschied, mit erst 55 Jahren. Ihren letzten Wohnsitz hatte sie zu diesem Zeitpunkt in der Villa einer verwitweten Adligen. Was die einfache Arbeiterin und die Frau mit Besitz zusammengeführt hat, bleibt ebenso ungeklärt wie die Todesursache. Den Amtspapieren mit ihrer nüchtern-bürokratischen Sprache genügen die dürrsten Fakten, wohnhaft hier oder dort, nicht mehr am Leben ab da und da. Auf Bodo Hausmanns Bedürfnis, etwas über Umstände und Gefühle, über Ziele und Beweggründe zu erfahren, können solche Papiere bestenfalls mit Schweigen antworten, eher noch mit dem Aufwerfen neuer Fragen.

Im Herbst 2009 sitzt Bodo Hausmann mit seiner Frau emotional tiefbewegt inmitten einer lauten Festgesellschaft. Musik dröhnt durch die Lautsprecher. Die Menschen versuchen mit ihren Gesprächen, die Musik noch zu übertönen. Man versteht kaum sein eigenes Wort. Aber das stört Bodo Hausmann nicht. Er muss gar nicht viel sagen. Er ist in Szczecin, der Stadt, in der er auf die Welt gekommen ist, als sie noch Stettin hieß. Er ist überglücklich. Fremde Menschen haben ihn mit viel Wärme aufgenommen. Gestern haben sie zusammen auf dem herbstlichen Kartoffelfest gefeiert. Sie haben ihre Volkslieder gesungen, er hat die seinen vorgetragen. Auf diesem Erntedankfest erlebt er ein Angenommensein, wie er es bislang nur aus seinen vermessensten Träumen kannte. Tränen laufen ihm über die Wangen, als er formulieren will, wie es ihm geht. »Ich habe nicht gewusst, wie sehr mich das belastet«, sagt er so leise, dass man ihm die Worte beinahe von den Lippen ablesen muss. Er hat die Stadt zurückerobert, die es in seiner Biographie nicht geben sollte.

Gleich hinter dem Bahnhof haben die Kaminskis gewohnt. Hier lagen die Wohnungen für die Bahnbediensteten. Bodo hat vor dem Eingang des Hauses gestanden und sich vorstellen können, wie sie durch diese Tür die Stufen hinaufgegangen sind. Für den Mann, der von seiner Kindheit nichts wissen sollte, ist das ein ganz besonderer Moment. Morgen wird er nach Sorau fahren und das Kinderheim suchen, in das ihn seine Mutter gebracht hat. Das Vergangene und Verschüttete ist ganz nah.

Nur das schlechte Gewissen ist jetzt ganz fern, ist irgendwo unterwegs zurückgeblieben. »Ich habe nicht das Gefühl, ein Versprechen gebrochen zu haben«, sagt Bodo Hausmann. Es gibt eine Gedenkecke in seiner Wohnung, in der stehen Fotos der Menschen, die seiner Frau oder ihm lieb und teuer sind. Auch ein Porträt seines Vaters ist dabei. »Ich rede jeden Tag mit ihm. Manchmal schaut er streng«, sagt der Sohn, »aber er nimmt's mir nicht mehr übel.« Natürlich, wirft seine Frau beschwichtigend ein, als wolle sie den Ehemann vor dem Ruf des Spleenigen schützen, spiegle der Gesichtsausdruck, wie man ihn je nach Tagesform sieht, immer nur die eigenen Gefühle. Unterm Strich, bilanziert der Sohn, »ist Vater zufrieden mit mir«.

Seit dem Tod des Vaters mit nur 47 Jahren gibt es diese Zwiesprache mit dem Bild. Bodo Hausmann verstummte zunächst. Über seine Gefühle konnte er nicht sprechen, was den Psychologen, den er damals aufsuchte, schnell an seine Grenzen brachte. Zeitweise konnte Bodo nicht zur Arbeit gehen, fühlte sich wie gelähmt. Er konsultierte einen Neurologen, der ihn schließlich mit Hilfe von Medikamenten wieder ins Gleichgewicht brachte. Er lernte mit der Tatsache zu leben, dass der einzige Mensch, auf den er sich verlassen konnte, gestorben war. Dafür, wie er sich fühlte, gibt es einen Ausdruck, der ihm oft in den Sinn kommt: mutterseelenallein. Dieser Gedanke schmerzt ihn besonders, weil er zu diesem Zeitpunkt nicht einmal weiß, ob seine leibliche Mutter noch lebt. Vierzig Jahre später erfährt er, dass das der Fall war.

Nach der glücklichen Zeit in Szczecin unternehmen Margrit und Bodo Hausmann einen letzten Versuch, mehr über Bodos Mutter zu erfahren. Sie reisen von Zürich nach Lübeck, um vor Ort vielleicht ein paar Menschen zu finden, die Gerda Ortlieb gekannt haben. Der Pfarrer, der sie beerdigt hat, lebt noch. Aber er ist pensioniert worden, und es gelingt den Hausmanns nicht mehr, ihn ausfindig zu machen. Sie setzen sich ins Gemeindehaus zum Kirchkaffee und sprechen dort mit vielen älteren Menschen. Doch niemand kann sich an Bodos Mutter erinnern. Es scheint, als sei sie sehr alleine durchs Leben gegangen. Oder war nur die Gemeinde nicht der Ort gewesen, an dem sie sich Zuspruch geholt hat? Auf dem Friedhof, den die Bestattungspapiere nennen, findet sich kein Grab mit ihrem Namen. Ist die Liegezeit bereits abgelaufen, oder hat sie gar nicht hier ihre letzte Ruhe gefunden? Bodo Hausmann vermutet, die Bürokratie habe einen Fehler gemacht. Im Archiv der Tageszeitung findet er schließlich die unscheinbare Traueranzeige und darin auch den Namen des richtigen Friedhofs. Dort allerdings entdeckt er ebenfalls kein Grab mehr mit dem Namen seiner Mutter. Auch diese letzte Lebensspur ist bereits von der Zeit getilgt. Ein freundlicher Friedhofsbediensteter, der offenbar weiß, dass er nicht einfach nur die Gräber der Toten verwaltet, sondern auch ihr Andenken, steht den Suchenden hilfreich zur Seite. Er kann der Grabnummer wenigstens einen ungefähren Ort auf dem Gräberfeld zuordnen. Das Familiengrab in Witten, in dem der Vater bestattet ist, hat für Bodo nun doch noch ein Gegenstück in Lübeck gefunden.

Auf seine Anfrage hin teilt die Friedhofsverwaltung Bodo Hausmann später mit, dass das Begräbnis 1976 von einem Nachlassverwalter abgewickelt wurde. Es gab zu diesem Zeitpunkt offensichtlich niemanden mehr, der sich mit der Toten so verbunden fühlte, dass er sich um ihre Beerdigung gekümmert hätte. In dem Schreiben erklärt die zuständige Dame von der Friedhofsverwaltung auch, das Grab sei 1999 aufgelassen worden. Eine andere Frau liegt nun in dem unspektakulären Rasenreihengrab ohne Namenstafel.

Bodo Hausmann sucht dieses Grab ein – vorläufig – letztes Mal auf. Es ist Oktober 2010. Fast wäre es Bodos Mutter gelungen, sich so spurlos von der Welt zu verabschieden, wie sie aus Sicht ihres Sohnes lange gelebt hat. Aber nun ist es doch anders gekommen. Ein wenig hat der Sohn in Erfahrung gebracht. Der Rest bleibt Interpretation, Mutmaßung, ein Leben mit den Lücken. Trotzdem hat Bodo Hausmann nun ein ganz anderes Gefühl von Herkommen und Identität als vor vielen Jahren, als er den Entschluss gefasst hatte, die Vergangenheit nicht länger ruhen zu lassen.

Ein weiteres Dreivierteljahr hat Bodo Hausmann damit zugebracht, die Ergebnisse seiner Recherchen aufzuschreiben. Es gibt nun Zeiten, in denen der Schmerz in seinem Körper weniger wird. Liegt das an der neuen Therapie, der er sich unterzieht, oder an seiner zum Teil befreiten Seele? Vielleicht tut ihm auch heilsam gut, dass er in den Geschwistern seiner Mutter endlich Menschen gefunden hat, denen er sich familiär verbunden fühlen darf. Vor kurzem waren sie zusammen in Stettin. Bodo Hausmanns Welt ist größer geworden, als sie es je war. Und wichtiger noch: Das, was Margrit Hausmann »den Störsender« nennt, die ganze Qual der Ungewissheit und Leere, flackert in dieser größeren Welt nur noch ab und an, ganz kurz und weitgehend machtlos auf.

Verlust

Wie Franz Hirth das Schweigen in der Familie über seinen Onkel, den Hitler-Attentäter Georg Elser, nach einem halben Jahrhundert bricht und endlich stolz sein kann auf einen Helden der deutschen Geschichte.

Weg. Vorbei. Getilgt für immer. So lautete der Plan. Die Nationalsozialisten verhafteten Georg Elser, der ein Attentat auf den Führer begangen hatte, am 8. November 1939 in Konstanz, kurz bevor er die rettende Grenze zur Schweiz überqueren konnte. Sie verhörten und misshandelten ihn und präsentierten den Geschundenen in einer Gegenüberstellung seiner Schwester. Danach schlossen sie ihn weg, nicht nur, um ihn auszuschalten, zu bestrafen, zu quälen, zu demütigen. Die Nazis wollten den zum Tyrannenmord Entschlossenen aus der Geschichte löschen. Den mutigen Mann von der Schwäbischen Alb sollte es nie gegeben haben. In die Geschichtsbücher sollte nicht einmal die denkbare Möglichkeit eingehen, dass sich ein einfacher Schreinergeselle hatte dazu entschließen können, ein Attentat auf den Reichsführer Adolf Hitler zu verüben. Und schon gar nicht, dass dieses Vorhaben um ein Haar geglückt wäre.

Franz Hirth ist der Neffe von Georg Elser, der Sohn von dessen Schwester. Er hat erlebt, wie erfolgreich der Nationalsozialismus noch über den eigenen Untergang hinaus mit der Auslöschung des kurz vor Kriegsende ermordeten Georg Elser gewesen war. Erst war es der Terror, mit dem das Regime die Menschen einschüchterte, der sie davon abhielt, nach dem Schicksal Georg Elsers zu fragen. Später löste der

Wunsch der Überlebenden, die so oft als dunkel bezeichneten Jahre selbst aus dem eigenen Leben zu verdrängen, die Furcht vor staatlicher Willkür und Unterdrückung ab. Dieser Prozess des vorsätzlichen Vergessens reichte bis in Franz Hirths – anders gesagt, bis in Georg Elsers – eigene Familie hinein.

Lange hat Hirth sich an den Wunsch der anderen gehalten, das Geschehene, wie er sagt, »hinter sich zu lassen«. Es gab ja auch genügend Hinweise von außen im demokratischen Nachkriegsdeutschland, über die noch zu reden sein wird, diesen Georg Elser möge man bitte nicht mehr erwähnen. Aber dann hat sich Hirth doch aus dem Heer der Schweiger gelöst. Er spürt nun die Verantwortung, den Ermordeten zurück ins Leben der Nachgeborenen zu holen. Franz Hirth ist ein gefragter Zeitzeuge geworden, und je älter er wird, desto mehr treibt ihn dieser spezielle blinde Fleck im Geschichtswissen der Deutschen um. Nur wenige wissen, dass am 8. November 1939 ein Schreiner aus Königsbronn im Münchner Bürgerbräukeller das für viele seiner Zeitgenossen Unvorstellbare gewagt hat. Details kennt erst recht kaum jemand. Dass Elser im Alleingang eine Bombe gebaut und sie so deponiert hatte, dass sie genau zum geplanten Zeitpunkt der Hitler-Rede explodieren sollte. Schlechtes Wetter ließ Elser am Ende scheitern. Hitler verließ die Veranstaltung früher, weil er nicht mit dem Flugzeug nach Berlin zurückreisen konnte, sondern den Zug nehmen musste. Franz Hirth kennt Georg Elsers Geschichte nicht nur vom Hörensagen. Er war für einige Zeit auch Teil von ihr.

Der 6. November 1939 ist ein Tag wie jeder andere im Arbeiterhaushalt Hirth im Stuttgarter Westen. Verwandtschaft hat sich angesagt. Onkel Schorsch will seine Schwester, den Schwager und den Neffen Franz besuchen, bevor er, wie er

Franz Hirth mit seinen Eltern in Königsbronn

später bei seinem Besuch verraten wird, weiter in die Schweiz will. Dort hatte er schon einmal eine Weile gelebt. Während seiner Gesellenzeit war er auf Wanderschaft gewesen, hatte in Tettnang, Friedrichshafen und Konstanz gearbeitet. Die wirtschaftliche Not der Eltern und die Bitte seiner Mutter um Unterstützung hatten ihn 1932 zurück in seine Heimat nach Königsbronn geführt. Drei Jahre war er dortgeblieben und hatte im elterlichen Holzbetrieb geholfen, der infolge der Weltwirtschaftskrise ins Schlingern geraten war. Dann hatte es ihn wieder fortgezogen.

Seinen Onkel Georg kennt Franz Hirth aus jener Zeit in Königsbronn, wo er als nichteheliches Kind bei seiner Großmutter lebte. Damals trug er noch den Nachnamen Elser. Als Georg ankam, war Franz vier, als der Onkel wieder aufbrach, sechs Jahre alt. Aus dieser Lebensphase stammt die Erinnerung an das handwerkliche Geschick Georg Elsers, an dessen höchst praktische Reparaturkünste und an ein Schneehaus, das die beiden irgendwann in diesen Jahren miteinander gebaut haben. In der Erinnerung ist es noch immer riesig, so groß, »dass ich hineinlaufen konnte«, wie der alte Mann aus der Perspektive des Vier- oder Fünfjährigen sagt. Georg, erinnert Franz Hirth sich weiter, habe immer geholfen, wenn der Junge die Hilfe eines väterlichen Erwachsenen benötigte.

Als der Onkel im November 1939 sein Kommen ankündigt, freut sich Franz daher sehr. Eine nette Abwechslung, aber nichts ganz und gar Außergewöhnliches. Herausragende Bedeutung erhält der Besuch erst in der Rückschau. Der knapp elfjährige Junge ahnt damals so wenig wie seine Eltern, dass es die letzte Begegnung sein wird. Jedenfalls die letzte in geschützter Atmosphäre, in menschlicher Normalität. Denn Maria Hirth wird ihren Bruder noch einmal sehen können. Doch da befindet er sich bereits in den Händen der Gestapo.

Franz Hirth hat kein Bild mehr vor Augen, was sein Onkel bei ihrer letzten Begegnung getragen hat, wie er aussah an diesem Tag. Er sieht ihn nur in dem dunklen Anzug vor sich, den Georg Elser auf jenen verbliebenen Aufnahmen trägt, die zu öffentlichen Bilddokumenten geworden sind: Sie zeigen einen Mann mit wilden und welligen Haaren, mühsam gebändigt durch einen kurzen Schnitt. Die Aufnahmen haben den Charakter von Familienfotos seit vielen Jahren verloren. Aus Onkel Schorsch wurde eine zugleich öffentliche und doch kaum bekannte Figur, der Hitler-Attentäter Georg Elser. Vielleicht trägt auch diese Entprivatisierung der wenigen Bilder zu Franz Hirths nagendem Gefühl des Verlusts bei.

Sehr gut hingegen erinnert sich der Mann, in dessen Gesichtszügen man jene des Onkels durchaus erkennen kann, an die Kamera, die Georg ihm damals schenkt und auch ausführlich erklärt. Denn es ist nicht irgendein Nullachtfünfzehn-Modell, mit dem der Junge von nun an fotografieren kann. Franz ist jetzt im Besitz eines Fotoapparates mit Balgenauszug. Das ist schon damals eine Kostbarkeit, eine technische Preziose, deren anspruchsvolle Funktionsweise ganz nach dem Sinn des Tüftler-Onkels war. Sehr wertvoll sei der Apparat gewesen, sagt Franz Hirth. Für die Miete, so erinnert er sich, »haben wir 41,50 Reichsmark gezahlt«. Für den Jungen ist der Fotoapparat verständlicherweise ein großer Schatz. Und unter normalen Umständen wäre solch ein Gerät in einem einfachen Arbeiterhaushalt auch ein von allen gehütetes Gut geblieben. Aber Franz hat die Kamera verloren. Nicht im Sinne von verschlampt, sondern im Sinne von aufgeben müssen, ohne sie vergessen zu können. Sie wurde von der Polizei als »Beweismittel« beschlagnahmt. Da die Nazis indes nichts beweisen mussten, sondern durchsetzten, was sie wollten, landete sie vielleicht in einer Asservatenkammer, vielleicht aber auch in der Privatsammlung eines Beamten. Für Franz Hirth macht das keinen Unterschied. Er muss nicht nur damit leben, dass man ihm den Onkel und – sehr symbolisch – auch ein Erinnerungsstück an diesen weggenommen hat. Der Verlust der Kamera war die Ouvertüre zu dem über Jahrzehnte andauernden Versuch, den Onkel bis zum Nie-Dagewesen-Sein verblassen zu lassen. Schlimmer noch, für Franz Hirth, der am unwilligsten bei dieser Onkel-Georg-Auslöschung mitmacht, ist der Verlust der kostbaren Kamera mit einem irrationalen Selbstvorwurf des Versagens verbunden – als hätte er sich des Geschenks, des Vertrauens, nicht würdig erwiesen. Gefühle hören nicht auf Argumente. Franz Hirth kann sich auch heute nicht damit beruhigen, dass ein kleiner Junge nicht Hitlers Gestapo aus der Wohnung, aus dem Haus, aus dem Land werfen konnte.

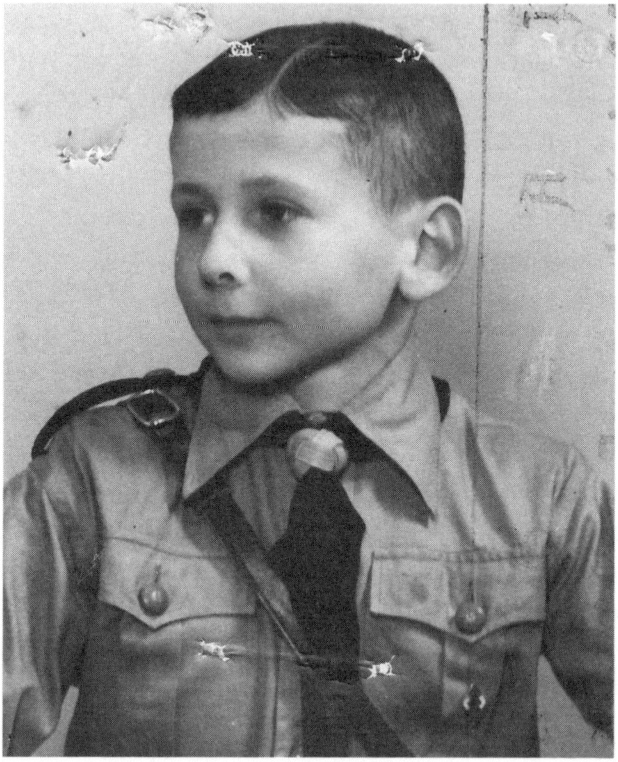

Franz Hirth als Hitlerjunge

Sein Onkel hat ihm damals die Erklärung für das teure Geschenk gleich mitgeliefert: Er müsse wieder ins Ausland, »wieder auf Wanderschaft«, wie Hirth sich wörtlich erinnert. Mehr hatte der Onkel nicht sagen wollen, aber die Angabe schien glaubwürdig, war er doch schon einmal und durchaus gerne auf der Walz gewesen. In diesem Zusammenhang bringt Georg noch ein anderes Anliegen vor, und auch das lässt die Hirths nicht stutzen. Er bittet darum, seinen Besitz, den er in einer hölzernen Truhe verstaut hat, einstweilen bei ihnen unterstellen zu dürfen. In der Schweiz könne er die Sachen nicht brauchen. Das leuchtet sofort ein. Am Morgen nach seiner Ankunft verabschiedet sich Georg Elser auch schon wieder, bekommt von seiner Schwester Maria noch 30 Reichsmark für die Reise zugesteckt und fährt zurück nach München. Für Franz sind das die letzten Erinnerungen, die Umarmungen der »Auf-Wiedersehen«-Zeremonie.

Dass die Gespräche der Erwachsenen am Abend zuvor um ein ernstes Thema kreisten, eines jenseits privater Pläne und Familienangelegenheiten, weiß Franz auch noch. »Es ging um den Krieg«, sagt er. Gut einen Monat zuvor hatte Nazideutschland Polen überfallen. Das Kind Franz jedoch glaubt, dieser aggressive Blitzkrieg sei der Verteidigungsakt, von dem die Nazipropaganda redet. Franz glaubt auch, nach acht Wochen werde eine Siegesfeier und dann wieder Frieden kommen. Seine Überzeugung speist sich aus den Nachmittagen und Abenden bei der Hitlerjugend. Ihr hat sich der Junge angeschlossen, wie viele Gleichaltrige damals. Allerdings gegen den Willen des Vaters. Der Arbeiter mag sich mit dem Gedanken, dass sein Sohn der braunen Bande auf den Leim geht, nicht anfreunden. Aber der Schüler bettelt so lange, bis die Mutter den Vater doch noch überredet, Franz Hitlerjunge werden zu lassen. Er solle kein Außenseiter in der Klasse sein, argumentiert sie. Das sei nicht gut für den Jungen. Vielleicht hat sie auch, außerhalb der Hörweite von Franz, hinzugefügt, so ein Außenseitertum lenke gefährliche Aufmerksamkeit auf die Familie.

Wie viele seiner Altersgenossen findet Franz das Pfadfinderhafte anziehend, die Geländespiele, die Abende, an denen die Jungs Orientierungstricks lernen, wie Indianer. Die politische Vereinnahmung bemerkt er nicht. Für ihn werden hier Karl-May-Träume ein wenig greifbarer. Aber wer ihm erklären kann, wie man ein Feuer macht und ohne Karte durch den Wald findet, dem glaubt er auch sonst vieles. Also teilt er ebenso die Euphorie seiner Scharführer über den anstehenden Sieg im Osten. Zugleich aber fühlt er sich seinem Onkel verbunden, der bei seinem Besuch zornig gegen den Krieg poltert. So viel bekommt er von den Gesprächen der Erwachsenen mit, bevor man ihn irgendwann zu Bett schickt. Er sei, heißt es dann, zu jung, um den ganzen Abend mit am Tisch zu sitzen. Will heißen, man ist sich wohl nicht ganz sicher, ob er die brisanten Ansichten und Meinungen für sich behalten würde.

Tatsächlich könnte Franz sich durchaus einmal verplappern, denn die gefährliche Unvereinbarkeit der Ansichten Georg Elsers mit denen der HJ-Führer erschließt sich ihm noch nicht völlig. In seiner Jungenlogik geht noch beides zusammen: der Onkel, der seine Spielsachen repariert hat, als sie gemeinsam im Haus der Großmutter wohnten, und der Onkel, der nicht zu den Anhängern des Führers Adolf Hitler und dessen menschenverachtender Politik gehört. Gegner Hitlers sind böse, hat er gelernt, aber der Onkel, so weiß er, ist ja ein Guter, kann also irgendwie – egal was er sagt – kein Hitlergegner sein.

Wie falsch Franz damit liegt, wird ihm schnell und schmerzlich klar. Ein paar Tage später schon erfährt er, dass der Onkel verhaftet wurde. Was er getan hat, ist für die Polizei und alle Hitlergetreuen so ungeheuerlich, dass keiner an die Theorie der Einzeltäterschaft glaubt, dass alle von der komplexen Agitation einer Gruppe ausgehen, die es nun auszuheben gilt. Kein einzelner, einfacher Schreiner kann, soll und darf die Bombe konstruiert und gebaut haben, die beinahe den Führer getötet hätte. Bei der Suche nach Mittätern und Mitwissern ist die Familie Georg Elsers die erste Adresse.

Am 13. November tauchen in den Mittagsstunden Gestapo-Beamte in der Lerchenstraße 52 in Stuttgart auf. Es ist der Tag, an dem Georg Elser gestanden hat, er habe die Tat geplant und durchgeführt – ohne Komplizen und Mitverschwörer. Die Nazischergen rücken aus, um die Version vom Einzeltätertum zu widerlegen. Franz Hirth ist eben erst von der Schule heimgekommen, als sein Vater in Begleitung zweier Herren die Wohnung betritt, die wenig später die Räume durchsuchen. »Sie haben sich korrekt verhalten«, beschreibt Franz Hirth die Situation aus der Distanz von über siebzig Jahren. Die Geheime Staatspolizei schließt die Wohnung ab und nimmt Franz und dessen Vater mit. Eskortiert von zwei Beamten, laufen die beiden zu Fuß von der Lerchenstraße über den heutigen Berliner Platz und die Eberhardtstraße zum Hotel Silber, der Zentrale der Gestapo in Stuttgart. Franz soll dort beim Pförtner warten. Den Vater nehmen sie mit zum Verhör. Die Mutter, erfährt Franz später, ist bereits an ihrem Arbeitsplatz bei der Firma Bleyle verhaftet worden. Franz verbringt einen trostlosen Nachmittag an der Pforte. Was sich in den Räumen, zu denen er keinen Zugang hat, abspielt, erfährt er nicht. Es ist bereits dunkel, als ein Pförtner fragt, was eigentlich mit dem Elfjährigen geschehen solle, der von diesem Abend an offensichtlich kein Zuhause mehr haben wird. Schließlich bringt man ihn in ein Kinderheim im Norden der Stadt.

Am Abend jenes 13. November 1939, der sein bisheriges Leben auf den Kopf stellt, findet Franz sich in einem großen Schlafsaal wieder. Er will sich zunächst einreden, es sei nur für eine Nacht. Aber da täuscht er sich. In seine alte Schule im Westen Stuttgarts darf er nicht mehr gehen. Immerhin bekommt er nach ein paar Tagen zumindest seine alten Schulsachen wieder. Er verbringt im Waisen- und Kinderheim seinen elften Geburtstag und weiß noch immer nicht, was mit seinen Eltern geschehen ist. Er hat zunächst nicht einmal eine Vorstellung davon, warum sie – und in gewisser Weise auch er – verhaftet worden sind. Erst einen Tag nach seinem Geburtstag erfährt er, was geschehen ist. Nicht von einem menschlichen Ansprechpartner, sondern aus dem Lautsprecher eines Volksempfängers. Georg Elser, der Hitler-Attentäter vom Münchner Bürgerbräukeller, so ist dort in mehreren Sondermeldungen zu hören, sei gefasst. Franz Hirths Erinnerung ist in diesem Fall ganz korrekt. Die Nazis hatten die längst erfolgte Verhaftung Elsers zunächst geheim gehalten, um die vermuteten Mittäter in Sicherheit zu wiegen.

Bei Franz Hirth sorgt die Nachricht nicht in erster Linie für Schrecken und Bangen um den Verhafteten. Sie markiert den Beginn der langen Zeit, in der er sich für seinen Onkel schämt, in der er mit seiner Jungenlogik nicht mehr weiterkommt. Onkel Schorsch hat also nicht nur seltsam dahergeredet. Er hat etwas getan, das in der Weltanschauung der Pimpfe an Schändlichkeit und Sündhaftigkeit kaum zu überbieten ist. Also muss Georg Elser doch böse sein.

Franz Hirth beschreibt sein damaliges Empfinden mit dem Vokabular der Gegenwart: »Ich war schockiert.« Immer wieder läuft er an diesem Tag, so sagt es ihm sein Erinnerungsvermögen, unauffällig am Schwesternzimmer des Kinderheimes vorbei, in dem der Volksempfänger steht. Aber er hat sich nicht verhört. Der Name bleibt immer derselbe. Es war sein Onkel Schorsch, der getan hat, was Franz schlicht »nicht verstehen« kann.

Der Führer ist für einen Pimpf wie ihn nicht nur ganz weit weg, sondern gewissermaßen auch ganz weit oben. Dort, wo in den religiösen Weltbildern, die von den Nazis allmählich gekapert und ersetzt worden waren, Gott sitzt, oder zumindest dessen stärkste Engel. Unvorstellbar, diesen Führer beseitigen zu wollen. Nach einiger Zeit des Überlegens, des verzweifelten Versuchs, das scheinbar Unvereinbare zu einem Ganzen zu vereinen, empfindet der Elfjährige »eine gewisse Schuld« für die Tat seines Onkels. Und in seinem Kopf setzt sich der Gedanke fest, dass er künftig nur seinen Namen nennen müsse, schon wüssten alle, dass er der Neffe dieses einmalig schrecklichen Verbrechers sei.

Tatsächlich aber informierten die Behörden die Heimleitung nicht über den Grund der Einweisung von Franz, und niemand konnte eine Verbindung zwischen den Namen Hirth und Elser herstellen. Der neue Alltag ging also ganz normal weiter. Die Schwestern und anderen Kinder konnten Franz nicht auf seinen Onkel ansprechen, von dem sie nichts wussten. Trotzdem drückte den Jungen sein Schuldgefühl. »Das war lange Zeit in mir«, sagt er. Perfiderweise ist ihm das Schuldgefühl geblieben, es hat sich nur gewandelt. Nun fühlt er sich schuldig, dass er damals so empfunden hat. Er nimmt das als zweiten Verlust des Onkels wahr. Wer Schuld für das Tun eines anderen empfindet, distanziert sich von ihm. Es war eine langanhaltende Distanzierung. Die Furcht, als einer der Elsers erkannt zu werden, überdauerte auch die Zeitenwende nach 1945.

Diesen zweiten Verlust des Onkels muss Franz Hirth als ständig präsenten Teil seines Lebens akzeptieren. Man kann nicht sagen, er treibe ihn im Alter weniger um als früher. Das Gefühl, sich distanziert zu haben, plagt den Mann, der bei unserem Treffen 82 Jahre alt ist, bis heute. Immer wieder holt er die Bücher über seinen Onkel aus dem Regal, die er im Laufe der Jahre zusammengetragen hat. Jedes dieser Werke verleiht der Existenz des Onkels Gewicht. Darum geht es auch Franz Hirth: Georg Elser für alle sichtbar wieder anzunehmen.

Im Kinderheim wäre er gewiss auf Dauer unangenehmen Befragungen durch die anderen Kinder ausgesetzt gewesen: Wo sind deine Eltern, warum bist du hier, wie ging das zu? Davor bewahrt hat ihn der andere, der durch die Ereignisse in den Augen der Nazis weniger verdächtige Teil der Familie. Ein Bruder seines Vaters geht umgehend auf die Suche nach dem Neffen, als er von der Verhaftung der Eltern erfährt. Er macht den Einweisungsort ausfindig. Der Großvater, der Vater seines Vaters, holt Franz schließlich aus dem Kinderheim. Wie eine Mutter sei die Großmutter während des ersten Aufenthalts zu ihm gewesen, sagt der Altgewordene, stets habe er sich bei ihr zu Hause gefühlt. In Königsbronn, wo die mütterliche Familie wohnt, macht man sich vor allem große Sorgen um die Mutter, von der man keinerlei Nachricht hat. Auch die Situation im Ort drückt auf die Stimmung. Dort ist man nicht mehr gut auf Georg Elser zu sprechen, seit die Gestapo viele Königsbronner verhört hat. Nicht der totalitäre Staat mit seinen willkürlichen Aktionen gegen jegliche Form von Widerstand ist den Menschen ein Graus. Georg Elser ist es, der diesen Staat provoziert und bekämpft hat. Diese Haltung wird weit in die Nachkriegszeit hineinreichen. Franzens eigenes Schuldempfinden wird also von den Erwachsenen ständig bestärkt. »Ein bisschen war es«, sinniert er, »als wäre ich lange Jahre mit eingezogenen Schultern durchs Leben gegangen.« Nicht auffallen wollte er, nicht zurückschauen, nicht an den Tabus rühren.

Die Schweigegebote sind keinesfalls nur selbstauferlegte. Das merkt Franz, als die Eltern nach fünf Monaten am 20. Februar 1940 aus der Haft entlassen werden und die Kleinfamilie wieder in Stuttgart zusammenfindet. Die unangemeldeten

Besuche der Gestapo und die misstrauischen Verhöre gehen weiter. Der Vater, Karl Hirth, berichtet nach dem Krieg, seine Frau sei wegen dieser ständigen Bedrohungen oft dem Nervenzusammenbruch nahe gewesen. Über die Zeit in Haft teilen die Eltern ihrem Sohn nur das Nötigste mit. »Sie waren ja verpflichtet worden, über die Sache nicht zu reden«, sagt Franz Hirth. Dennoch erfährt er, dass an einem der Verhöre der Mutter in Berlin sogar der Reichsführer SS, Heinrich Himmler, beteiligt war. Und dass die Mutter ihrem Bruder gegenübergestellt wurde. Ganz blau von den Schlägen sei Georg im Gesicht gewesen, erinnert sich Franz an die Erzählungen seiner Mutter. Mehr hat sie nie preisgegeben. Weshalb vieles, was der 82-Jährige aus dieser Zeit erzählt, eine Mixtur aus zeitgenössischen Dokumenten und wissenschaftlichen Arbeiten anderer, aus Bruchstücken familiärer Überlieferung und seiner eigenen lange zurückliegenden Erinnerung ist. Er lebt mit einer geborgten Familiengeschichte, in die er unter vielen Mühen wieder die Person seines Onkels einwebt. Diese Gegenwehr gegen Verlust und Schweigen kostet Kraft und ist schmerzlich. Was er heute erkennt, ist, dass seine Mutter sich die Geschehnisse um den eigenen Bruder mit aller Energie aus der Erinnerung geschnitten haben muss. Wie schwer ihr das gefallen sein mag, kann Franz nur erahnen. »Sie standen sich sehr nah«, beschreibt er das Verhältnis der Geschwister zueinander. »Sonst wäre er vom 6. auf den 7. November ja nicht zu uns gekommen.«

Beide Elternteile verlieren durch die Haft und den bloßen Verdacht, in das Attentat verwickelt gewesen zu sein, ihre Arbeitsstellen. Einziger Lichtblick in jenen Tagen: Die Mitbewohner im später ausgebombten Haus verhalten sich anständig. Ausgrenzung erlebt die Familie hier nicht. Ständige Kopfschmerzen der Mutter jedoch lassen ahnen, wie sehr sie mit sich kämpfen muss, um den Alltag zu meistern. Erst gegen Ende ihres Lebens gesteht sie sich ihre seelische Verletzung ein und stellt auch selbst die Diagnose. Natürlich, sagt sie zu ihrem Sohn, würden ihre unablässigen Schmerzen mit dem einschneidenden Erlebnis ihrer eigenen Verhaftung und dem Verschwinden ihres Bruders zusammenhängen. Im März 1940 aber hat sie zunächst den Weg des Schweigens gewählt. Von ihm weicht sie bis zu ihrem Tod nur einmal ab, als sie vor Franz obiges Geständnis ablegt. Ansonsten lautet ihr unerschütterliches Credo über Jahrzehnte hinweg: »Es ist schlimm genug, was uns passiert ist …« In Gedanken ergänzt nicht nur ihr Sohn: »… dann muss man nicht auch noch darüber sprechen.«

Was man im Dritten Reich nicht ausspricht, als könnte es dadurch als irrationaler Wunschtraum über alle Widersprüche hinwegschweben, ist die Hoffnung, der Bruder, Schwager, Onkel möge einfach nur eine Haftstrafe zu verbüßen haben. Werde irgendwann, und sei es viele Jahre später, zurück ins Leben der Familie entlassen werden. Vielleicht wird diese Hoffnung mit jedem Jahr des Krieges genährt, die sich zuspitzende Lage scheint die Chancen zu vergrößern, dass Georg Elser die Herrschaft der Nazis überleben werde. Der Mann bleibt zwar vorerst nur eine Leerstelle, sie erhalten keine Nachricht von ihm, haben keine Kontaktmöglichkeit. Aber es gibt eben auch keine Todesnachricht, keine jener Verbrennungskostenrechnungen, die der braune Mordstaat den Familien seiner Opfer aufbürdet, wird mit der Post überstellt. Alles andere als der Gedanke, der aus ihrer Mitte Gerissene lebe noch, wäre also illoyal. Die Hirths verhalten sich damit im Gedenken an einen Regimegegner nicht anders als die vielen Kriegswitwen, die sich an die Vorstellung klammern, ihr Ehemann werde irgendwann aus der Gefangenschaft nach Hause zurückkommen. Sie wissen nicht, dass Georg Ende 1939 als sogenannter Sonderhäftling ins Konzentrationslager Sachsenhausen bei Berlin verlegt wird, auch nicht, dass man ihn von dort gegen Ende des Jahres 1944 ins Konzentrationslager Dachau überstellt. Und nach dem Zusammenbruch des Hitlerregimes erfahren sie zunächst nicht, dass man Georg Elser einen Monat vor Kriegsende, am 9. April 1945, in Dachau hingerichtet hat. Es ist den Nazis wichtig, dass dieser Mann nicht doch noch ihr auf Völkervernichtungsgröße aufgeblähtes Morden überlebt.

So wartet die Familie nach der Kapitulation des Deutschen Reichs Tag um Tag auf ein Lebenszeichen. Müsste nicht jeden Moment Georg die Straße entlangkommen, dünn und blass von der Haft, glücklich über die Freiheit und vielleicht ein wenig reuig, die ganze Familie in Gefahr gebracht zu haben? Nein, Georg kommt nicht. Die Hirths schreiben reihum an die Behörden, die zunächst keine Auskunft geben können oder wollen. Viele alte Nazis oder jedenfalls Untertanengemüter sitzen schon wieder in den Amtsstuben, Leute, für die einer wie Elser bestenfalls ein irregeleiteter Tunichtgut, schlimmstenfalls noch immer ein Volksverräter ist. In der von den Nationalsozialisten verbreiteten Version handelte er im Auftrag des britischen Geheimdienstes. Einer anderen Legende nach war Elser Mitglied der SS und spielte Hitler in die Hände, der sich so auf die von ihm vielbeschworene »Vorsehung« berufen konnte. Erst 1950, fünf Jahre nach der Ermordung, erhält die Familie Auskunft über das Schicksal des Vermissten. Wer über diese bürokratische Ignoranz nicht in dauernde Bitternis verfallen will, muss sich wohl endgültig verkapseln in Schweigen. Die neue Zeit hat den Hirths unmissverständlich zu verstehen gegeben, dass sie von den alten Geschichten nichts mehr wissen will, von der Möglichkeit des Aufbegehrens der kleinen Leute auf jeden Fall noch viel weniger als vom Glanz und Schmiss der Vorkriegsnazis (Motto: »Aber Hitler hat die Autobahnen gebaut«). Einer wie Elser würde die Legende stören, Widerstand habe so einem erst gar nicht in den Sinn kommen können.

Dass der Name von Georg Elser in der jungen Bundesrepublik keine große Bedeutung hatte, kam Franz Hirth damals zupass. Prägung durch ein System und jahrelange Indoktrination wird man nicht über Nacht los. Dem jungen Franz Hirth war die Vorstellung höchst unangenehm, jemand könne ihn mit dem Attentäter von der Schwäbischen Alb in Verbindung bringen. »Man muss ja immer, wenn man sich bewirbt, einen Lebenslauf schreiben«, erklärt er seine damalige Verunsicherung. Diese Schriftstücke hätten schwarz auf weiß den anderen, den befleckten Namen neben den seinen gerückt. Geburtsname der Mutter: Elser. Selbst er hatte ja, weil er nichtehelich zur Welt gekommen war, eine Weile diesen Namen getragen.

Der gereifte Franz Hirth aber sieht das Schweigen und Wegschauen der Gesellschaft heute nicht mehr als schützenden Deckmantel. Es empört ihn. Und er fragt sich, wie seine Mutter das Verhalten der Behörden hat ertragen können. Bei der demütigenden Auseinandersetzung mit den Ämtern war es vordergründig um materielle Wiedergutmachung gegangen. Die Familie hatte bei der zuständigen Stelle unter anderem einen Antrag auf Ersatz des Fotoapparates eingereicht, den die Behörden zur Beweissicherung beschlagnahmt und nie mehr herausgegeben, also veruntreut hatten. Franz möchte am liebsten den Apparat selbst wiederhaben. Vielleicht, weil die Rückgabe des technisch mittlerweile überholten Gerätes ein kleines Eingeständnis wäre, dass auch Georg Elser wieder Anspruch auf einen korrekten Umgang mit seiner Person hat. Die Mutter denkt realistischer. Sie möchte wenigstens die Entschädigungszahlung, mithin die Anerkennung, ein Opfer des NS-Staates zu sein. Doch die Beamten der jungen Demokratie bringen nicht nur den Fotoapparat nicht wieder bei, sie weigern sich auch, Maria Hirth Haftentschädigung zu zahlen. Begründung: Sie sei kein Opfer des NS-Staates im Sinne des Entschädigungsgesetzes.

Diese Haltung lehrt uns Heutige viel über das Denken damals. Am 13. März 1951 schreibt die Stuttgarter Landesbezirksstelle für Wiedergutmachung an die Antragstellerin Maria Hirth:

Sie stützen Ihren Antrag darauf, dass Sie wegen Begünstigung Ihres Bruders, Georg Elser, der 1939 auf Hitler ein Attentat zu verüben suchte, in Haft genommen und einige Zeit festgehalten wurden. Nach § 1 Abs. 1 des Entschädigungsgesetzes hat ein Recht auf Wiedergutmachung, wer unter der nationalsozialistischen Gewaltherrschaft wegen seiner politischen Überzeugung, aus Gründen der Rasse, des Glaubens oder der Weltanschauung verfolgt und geschädigt wurde. Dazu gehört, dass die Verfolgung auf eine klare und achtbare, gegen den Nationalsozialismus gerichtete politische Überzeugung zurückzuführen war.

Diese Voraussetzungen liegen nach den von uns angestellten Ermittlungen bei Ihnen nicht vor. Sie waren nach Ihren eigenen Angaben nie Mitglied antifaschistischer Parteien und Organisationen. Sie hatten auch für die Politik nie ein Interesse und sich infolgedessen allen politischen Dingen ferngehalten. Sie waren aber auch nie Mittäter, Anstifter oder Gehilfe zu dem Attentat, vielmehr wussten Sie von diesem Attentat gar nichts. Ihre Unterstützung Elsers bestand darin, dass sie ihm die Möglichkeit der Übernachtung in Ihrer Wohnung gaben und dass Sie über die Dauer der angeblichen Reise nach der Schweiz verschiedene harmlose Gegenstände für ihn aufbewahrten. Außerdem gaben Sie Ihrem Bruder noch RM 30,– Reisegeld mit. Aus politischen Gründen haben Sie aber nicht gehandelt. (…)

Ihre Inhaftnahme erfolgte, weil Sie mit dem Attentäter verwandt waren und die Polizei vermuten konnte, dass Sie evtl. von dem Plan Kenntnis hatten. Als sich dann herausstellte, dass dies nicht der Fall war, wurden Sie nach kurzer Zeit wieder freigelassen. Das spricht dafür, dass die Gestapo in Ihnen keine Gegnerin des Regimes sah. (…)

Eine Behörde des Rechtsstaates Bundesrepublik beruft sich hier auf eines der Terrorwerkzeuge des Unrechtsregimes als verlässliche Instanz. Fazit: Die Gestapo hat angeblich korrekt gehandelt, kein Unrecht ist geschehen. Maria Hirth muss das als schmerzhafte Ohrfeige, als Missachtung ihrer Erfahrungen, ihrer Einschüchterung, ihres Bangens, ihres Verlustes eines Bruders verstanden haben.

Noch viel artistischer, verschrobener und unredlicher muten die Erklärungen an, warum eine Entschädigung für Franz Hirths Fotoapparat und alle anderen Besitztümer des Onkels nicht möglich sei. Nach Ansicht der Rückerstattungskammer des Landgerichts Stuttgart mit Beschluss vom 11. März 1954 handelte es sich um ein Verwahrungs- und Treuhandverhältnis, das der Bruder mit seiner Schwester eingegangen sei. Geschenkt habe er ihr nichts:

Georg Elser wollte in die Schweiz flüchten und bereits dort sein, bevor die Zeitbombe, deren Uhrwerk acht Tage lang lief, zur Entzündung kam. Er hatte also keineswegs mit dem Leben abgeschlossen, sondern konnte mit großer Wahrscheinlichkeit damit rechnen, ins Ausland zu entkommen und dort ein Asyl bis zur Änderung der politischen Verhältnisse in Deutschland zu finden, die bei Gelingen des Attentates vielleicht sehr rasch hätte eintreten können. Er hatte also gar keinen Anlass, seine Werkzeuge und Kleider seiner Schwester als Geschenk zu überlassen.

Die Kammer weiß besser als die Antragstellerin, was in der Nacht vom 6. auf den 7. November gesprochen wurde. Weggenommen worden seien die Habseligkeiten also letztlich dem Eigentümer Georg Elser. Wären sie noch vorhanden, so führt die Kammer weiter aus, könnten er oder seine Erben Rückerstattungsansprüche gegen das Reich als Verwahrerin oder Treuhänderin der Gegenstände geltend machen. Die Kammer weist ausdrücklich darauf hin, dass es an Maria Hirth ist, die in Besitz der Vollmacht der Erben ist, diesen Antrag zu stellen. Schon der Ton macht klar, dass niemand mit dem Vorhandensein der Gegenstände rechnet, respektive, irgendeine Mühe in die Suche nach ihnen investieren würde. Maria Hirth verzichtet denn auch darauf, ein weiteres fruchtloses Schreiben loszuschicken.

Worauf sie aber beharrt, das ist ihre Haftentschädigung. Nach weiteren Anträgen werden ihr am 30. Oktober 1956 schließlich doch noch 450 Mark zugesprochen. Ihr Mann erhält 113 Mark wegen »Schadens im beruflichen Fortkommen«, Maria Hirth werden dafür 676 Mark Entschädigung zugesprochen. Franz Hirth liest in einem der vielen Ablehnungsbescheide, dass für »Sachschäden bis zum Betrag von insgesamt 500 Mark keine Entschädigung geleistet wird«. In dieser Preisklasse lag die Kamera des Onkels, die eine Woche lang sein Schatz sein durfte. »Die Familie war einfach zu ehrlich«, konstatiert er enttäuscht von den vielen Absagen der Behörden. 1962 erst – viele Jahre später – enden die Bemühungen um Wiedergutmachung mit der Auszahlung der obengenannten 1239 Mark. Etwas mehr als tausend Mark: das ist die klare Symbolik, mit der eine auf Geldwerte stolze Gesellschaft den Tod des Bruders, den Verlust der Reputation und die unbelehrbare Hartnäckigkeit der Zeitgenossen, die große Leistung Elsers nicht anerkennen zu wollen, ganz weit unten ansiedelt.

Sind schon die staatlichen Gerechtigkeitsbemühungen nicht von Erfolg gekrönt, so tut sich auch die Elser'sche Großfamilie schwer, den ermordeten Bruder, Cousin oder Onkel wieder in den Stammbaum aufzunehmen. Er bleibt der, der Ärger, Verhöre und Schande in seinen Heimatort gebracht hat. Nicht alle können ihren Frieden damit machen, dass Königsbronn im Volksmund lange Jahre Attentatshausen genannt wird. Die Verwandtschaft mit Georg Elser bleibt ein Makel.

Dementsprechend hängt kein Bild mehr von ihm im Haus, als Franz Hirth seine Großmutter 1953 ein letztes Mal besucht. Bei Familienfesten wird über Georg nicht gesprochen. Trotz der Millionen Toten durch den Wahn der Nazis kommen keinem Worte über die Lippen. Keiner spricht über das Tabuthema. Niemand fühlt Stolz, den er den anderen entgegenschreien möchte. Die deutsche Gesellschaft tut sich damals selbst mit dem Widerstand der meist adeligen Militärs um Stauffenberg und dem studentischen Widerstand der Geschwister Scholl schwer, den sie später quasi adoptiert, um sich selbst zu legitimieren. Ganz und gar unvorstellbar ist es ihr, den Widerstand eines einfachen Mannes, der auf der kommunistischen Arbeitertradition fußt, anzuerkennen.

Sich aufzulehnen gegen die Übermacht des verordneten Denkens, erklärt Franz Hirth seine Akzeptanz der Tabus, »das war nicht an der Tagesordnung. Das Geschehen lag hinter mir. Ich konnte damit leben.« Er gibt damit auch eine Zustandsbeschreibung seiner Umwelt. Der Plan der Nazis, Georg Elser für immer auszulöschen, war kurz davor, aufzugehen.

Nicht ganz untypisch für seine Generation, verlagert Franz Hirth seine Energien auf die eigene Ausbildung und Daseinssicherung, statt mit der Gesellschaft um deren Werte zu ringen. Er finanziert sein Studium der Vermessungstechnik selbst, heiratet, wird zweimal Vater, baut ein Haus für die Familie. Ein Versprechen der jungen Bundesrepublik empfindet er als ganz und gar nicht verlogen: dass die Zukunft viele Möglichkeiten parat halte. Die Vergangenheit scheint da nicht mehr wichtig. Über seine Herkunft redet er nur mit seiner Ehefrau. Aber auch mit ihr nicht sehr viel, wie sie sich erinnert. Der Name Georg Elser würde ohnehin den wenigsten in den 1960er und 1970er Jahren etwas sagen. Auf die Offenbarung hin, der Neffe des Hitler-Attentäters zu sein, droht als wahrscheinlichste Reaktion ein Achselzucken und die Frage »Wer soll das denn sein?«. Als die junge Bundesrepublik sich mit der Baader-Meinhof-Gruppe und später der RAF konfrontiert sieht, vergeht Franz Hirth das Reden vollends. Er spürt, dass viele Mitmenschen keinen Unterschied erkennen möchten zwischen Georg Elser und den Terroristen, die der Bonner Republik den Krieg erklären. Aber Franz Hirth will seinen Onkel nicht mit Mördern, Bankräubern und wirrköpfigen Politdesperados in einem Atemzug genannt wissen.

So schweigt er weiter. Und muss 61 Jahre alt werden, um grüblerische Gedanken nicht länger beiseiteschieben zu können. Zur fünfzigsten Wiederkehr des Münchner Attentats kommt ein Film mit Klaus Maria Brandauer in der Hauptrolle ins Kino. In der Stuttgarter Premiere sitzen auch Franz Hirth und seine Frau, zwei Besucher unter vielen. Der Abend bringt den Wendepunkt. Franz Hirth wird deutlich, dass es inzwischen eine Wertschätzung für seinen vergessen geglaubten Onkel gibt, die bei manchen so weit geht, dass sie einen abendfüllenden Spielfilm über sein Leben drehen. Und er, der Neffe, hat zu diesem Wandel bislang nichts beigetragen. Er hat ihn nicht einmal bemerkt.

Der Blick von außen auf Georg Elser rüttelt Hirth auf, elektrisiert und beschämt ihn zugleich. Er schaut sich neu um, wo und wie denn seines Onkels gedacht wird. Und stellt fest, dass sich sogar im einst feindseligen Königsbronn vor einiger Zeit ein Georg-Elser-Arbeitskreis gegründet hat. Der Planer und Vermessungsingenieur Hirth besucht nun Vorträge an der Universität, er hört den Professor und Widerstandsforscher Peter Steinbach. Für die große Berliner Ausstellung im Haus des Widerstands im Jahr 1997 stellt er Fotos aus dem Besitz seiner Mutter zur Verfügung. Er lässt das Schweigen und Verleugnen hinter sich und ist überrascht, als er begreift, dass in der Familie keinesfalls alle, vielleicht nicht einmal die Mehrheit, umgedacht haben. Sie halten Georg Elser noch immer für einen Verwandten, mit dem man sich nicht auch noch brüsten sollte. »Also, ich hätte das nicht gemacht!«, bekommt er mehr als einmal zu hören. Und weiß, dass damit beides gemeint ist, Georgs Attentat und sein eigenes, spätes Bekenntnis zum Onkel. Aber diesmal lässt er sich nicht aufhalten.

Als er im Haus des Widerstandes in Berlin vor Wissenschaftlern, geladenen Gästen und Journalisten sprechen soll, gerät er immer wieder ins Stocken, Tränen steigen ihm in die Augen. Er spürt, dass tief in seinem Inneren jene Ketten gesprengt sind, die ihn so lange umklammert gehalten hatten. Dennoch empfindet er seine neue Rolle als Zeitzeuge keinesfalls nur als einen Akt der Befreiung. Sie ist auch anstrengend. Nicht, weil er nun manches teilen, ja loslassen muss. Die Standuhr, die sein Onkel seiner Mutter zur Hochzeit gefertigt hat, gibt er gern ins Museum. Ausgelagert in den Schwarzwald, hat sie den Krieg und die Stuttgarter Bombennächte unversehrt überstanden. Nur die Tat Georg Elsers hat auch an ihr Spuren hinterlassen. Die Gestapo hat damals die Uhrgewichte mitgenommen. In ihnen, so der Verdacht, habe Elser die Munition für das Attentat transportiert.

Anstrengend sind für Franz Hirth hingegen die Gedanken an das, was Onkel Georg in den Händen der Nazis widerfahren sein mag. Schwer war ihm vor allem die Fahrt zur Gedenkstätte im Konzentrationslager Dachau gefallen, an den Ort, wo ein SS-Mann seinen Onkel erschossen hat. Was Franz ein halbes Jahrhundert gescheut hat, hat er sich inzwischen wie im Zeitraffer erarbeitet. Aufwühlend war das und erschöpfend. Mittlerweile sagt Franz Hirth manche Anfragen auch ab und verweist auf die Literatur über seinen Onkel. Und dann wieder nimmt er eine Einladung zu etwas an, das ganz anders verläuft als geplant. Als die Redaktion der traditionsreichen Sendung »Ich trage einen großen Namen« ihn bat, teilzunehmen, sagte er, ohne zu zögern, zu. In dieser Sendung treten mal die direkten, mal auch die weiter entfernten Nachfahren bekannter Zeitgenossen auf. Ein Rateteam soll sie mithilfe eines Lotsen, der Fingerzeige im Dickicht der Geschichte gibt, erraten. Franz Hirth wusste vorab, dass ihm seine Zusage wieder einmal schlaflose Nächte bescheren und dass sein Leben für viele Tage vorher und danach in Unruhe geraten würde. Der Schmerz meldet sich zuverlässig wieder, wenn er Georg Elser in der Nachwelt vertritt.

Am Tag der Aufzeichnung saß Franz Hirth zwischen der Nichte des Sexualforschers McKinsey und einem Verwandten der Dichterin Ingeborg Bachmann und wartete auf seinen Auftritt. Als er an der Reihe ist, gibt er bereitwillig Antwort, ob er seinem Verwandten ähnlich sehe. Vielleicht, sagt er, »in jüngeren Jahren«. Er fragt sich später, ob er die Ratenden so in die Irre gelockt hat. »Ich habe mich dumm ausgedrückt.

Natürlich sehe ich ihm ähnlich. Ich war auch dunkelhaarig. Ich bin ein Elser. Der war auch kein kräftiger Typ, eher ein schmächtiger – so wie ich.«

Noch ist er guter Hoffnung, sein Onkel werde in diesem historischen Frage-Antwort-Spiel erraten werden. Der Mann, der die Welt verändern, ja vom Abgrund wegreißen wollte, indem er den Tyrannenmord an Adolf Hitler wagte. Franz Hirth hat so ein Gefühl, als könnte dieser Besuch in einem Baden-Badener Fernsehstudio das Ende einer Geschichte sein, als könnte hier besiegelt werden, dass Georg Elser seinen sicheren Platz im kollektiven Gedächtnis gefunden hat. Aber Franz Hirth hofft zu viel. Es gibt im Fernsehstudio kein filmreifes Happy End einer tragisch-ungerechten Geschichte. Der mutige Mann von der Schwäbischen Alb, der seine Tat lange vorbereitet hatte, der ahnte, in welche Zukunft Deutschland unter Hitlers Führung gehen würde, bleibt an diesem Novemberabend 2010 unerraten. Der Mann, der laut der Verhörprotokolle durch seine Tat »ja auch noch größeres Blutvergießen verhindern wollte«, ist noch immer keine sichere Nummer im Bildungskanon.

Georg Elser, den sie in seinem Heimatort nur Schorsch nannten, ist noch immer keiner, der einem sofort einfällt, wenn man an das Dritte Reich denkt, nicht einmal, wenn es um den Widerstand der Deutschen gegen Hitler geht. Franz Hirth sucht das Tröstliche in der Enttäuschung. »Es ist gut«, sagt er tapfer, »dass sie ihn nicht erraten haben.« So habe zur Auflösung des Rätsels vor laufender Kamera mehr über ihn erzählt werden können, als beim raschen Erraten Platz in der Sendung gefunden hätte. Aber er gibt auch zu, dass ihn dieses Nichterraten schmerzt, im neunten Lebensjahrzehnt mehr, als das früher der Fall gewesen wäre. Eben weil sein Onkel jetzt endlich wieder zu ihm gehört. Er sieht auch im Schmerz

Georg Elser in den zwanziger Jahren

das Positive – und er hat recht. Franz Hirth hat sich ein Herz gefasst, das tut manchmal weh, führt zu Konflikten, auch zu kleinen Niederlagen. Aber der große Sieg ist ihm längst nicht mehr zu nehmen. Er hat für sich, im eigenen Leben und in seinem nun stark erweiterten Umfeld, wenigstens eines der menschenverachtenden Projekte der Nazis scheitern lassen. Das Projekt, Georg Elsers Andenken auszulöschen. Weg, vorbei, getilgt für immer? Nein, Franz Hirth kann es bezeugen: Auch dieses »Immer« der Nazis hielt nicht ewig.

Aufbegehren

Wie Friederike Steinfeld sich von der Angst befreit, geisteskrank zu sein. Und durch das Verlegen eines Stolpersteins ein zweites Mal ihrer Familiengeschichte beraubt wird.

Unruhig und kräftezehrend ist ihr Leben schon lange. Endlich einmal aber will sie das Tempo vorgeben, sich Zeit lassen. Friederike Steinfeld will nun selbst bestimmen, wann ihre Geschichte reif ist für die Öffentlichkeit. Erst wenn sie es sich wirklich zutraut, will sie diesen langgehüteten Teil offenbaren. Still und würdig, im Stile einer Beisetzung, kann sie sich die Zeremonie vorstellen. Denn ihrem Gefühl nach wäre das tatsächlich eine Art zweite Beerdigung, eine, bei der die Todesursache endlich offen benannt werden darf. Als man die Urnen mit der Asche ihrer Großmutter und ihres Onkels 1933 und 1941 beisetzte, durfte man nicht aussprechen, was wirklich geschehen war. Die Angehörigen konnten nicht offen sagen, dass Marta und Otto Herzog ermordet worden waren, weil sie nicht dem Menschenbild der Nazis entsprochen hatten.

Friederike Steinfeld will keine laute, keine dröhnende Veranstaltung. Vielleicht soll ein Kinderchor singen, eine Flöte ein Solostück spielen, vielleicht auch der Pfarrer sprechen. Auf jeden Fall soll diese Feierstunde nicht das werden, was neudeutsch Event heißt. Das ist ihr Wunsch. Er wird nicht in Erfüllung gehen.

Es geschieht genau so, wie Friederike Steinfeld es nicht will: Andere setzen den Termin fest. Und es wird laut. Eine

Kapelle spielt »Strawberryfields forever« von den Beatles, die Bundestagsabgeordnete der Sozialdemokraten spricht nach Friederike Steinfelds Empfinden ein bisschen sehr viel über den linken Genossen, ihren Onkel, und deutlich zu wenig über die Großmutter, dafür aber viel über Thilo Sarrazin und dass man nie mehr die Augen verschließen dürfe vor Ausgrenzung.

Friederike Steinfeld steht dabei, als würde sie das alles nichts angehen. Als wäre das nicht Teil ihrer Geschichte, die da gerade öffentlich verhandelt wird. Sie gibt sich zunächst auch nicht zu erkennen. Zwei Stolpersteine werden an diesem Oktobertag verlegt. Nein, sie werden gar nicht verlegt, in den Asphalt eingebettet wurden sie schon vor einigen Tagen. Der Künstler Gunter Demnig, der das bundesweite Projekt initiiert hat, konnte nicht persönlich anwesend sein. Er hat gerade zu viele Termine zu absolvieren.

Die beiden Steine werden an diesem Vormittag also nicht verlegt, sondern der Öffentlichkeit präsentiert. Einer ist Friederike Steinfelds Großmutter Marta Herzog gewidmet. Die Nationalsozialisten ermordeten sie im Juni 1941 in der »Heilanstalt« Hadamar. Offizielle Todesursache: Lungenentzündung. Marta Herzog ist eines der über 70 000 Euthanasieopfer des NS-Terrors, die im Gas starben. Noch am Tag ihrer Ankunft wurde sie in Hadamar im Hessischen umgebracht. Der zweite Stein ist für Martas Sohn Otto. Als Mitglied der Kommunistischen Partei starb er schon im Sommer 1933 im Konzentrationslager in sogenannter Schutzhaft, wie dies damals zynisch hieß. Eine Zeitlang wurde behauptet, an einer Lebensmittelvergiftung, bis die NSDAP-Ortsgruppe diese Todesursache schließlich dementierte. Eine neue Erklärung für seinen Tod wurde nicht nachgereicht.

Die Leidensgeschichte von Marta Herzog beginnt nach der

Die Nationalsozialisten ermordeten Marta Herzog im Juni 1941.

Geburt des jüngsten ihrer drei Kinder, einer Tochter. Marta wird bis zur Unansprechbarkeit schwermütig. »Heute würde man das vielleicht Kindbettdepressionen nennen«, sagt ihre Enkelin Friederike. Sie sitzt in ihrer Dachgeschosswohnung in einem großen Wohnblock. An diesem Sommertag ist es hier oben warm. Ein geöffnetes Fenster und eine offene Balkontür sorgen für Durchzug. Friederike Steinfeld hat Kekse und Flaschen mit Getränken auf den Tisch gestellt. Sie reicht immer noch etwas, als stünde ein langer Marsch durch unwegsames Gelände der Erinnerungen bevor, als gäbe der Anblick von Proviant die Gewissheit, durchzukommen – oder als verschaffte er dem Gast eine Ahnung von der Größe der Anstrengung. Sie ist bereit, in ihre Familiengeschichte einzutauchen und zu erzählen. Noch nie hat sie das an einem Stück und so konzentriert getan. In der Nacht zuvor hat sie deswegen schlecht geschlafen und ist nun aufgeregt. Aber es soll endlich heraus aus ihr, soll im Erzählen noch einmal eine Ordnung bekommen. Friederike Steinfeld hat sich Notizen gemacht in den Wochen seit unserer Verabredung. Ein Stapel mit Fotografien liegt bereit. Es wird ein langes Gespräch werden.

Die Kindbettdepression ihrer Großmutter, erzählt sie, sei »der Beginn eines Lebens in der Psychiatrie unter furchtbaren Bedingungen« gewesen. An dieses Leiden will der Stolperstein erinnern, nicht nur an Marta Herzogs gewaltsamen Tod. Aber ihr Vorname ist falsch geschrieben auf dem goldfarben überzogenen Pflasterstein. Friederike Steinfeld findet das ärgerlich. Dies ist zwar nur ein Stolperstein unter vielen. Da kann, da muss so ein Versehen irgendwann vorkommen. Aber er ist nun mal der Stein zu ihrer Familiengeschichte. Da schmerzt die Falschschreibung wie eine Missachtung, wirkt der Flüchtigkeitsfehler zutiefst verletzend.

Was die Enkelin der Ermordeten aber richtig wütend macht, ist die Enteignung ihrer Familiengeschichte. Fremde haben sich des Lebens ihrer Großmutter bemächtigt. Und nicht nur das: Sie haben wieder beschnitten, gekürzt, aufs Nutzbare reduziert, wie Steinfeld meint, haben wieder nur von der Opfer- und Leidensgeschichte erzählt. Sie tun das in bester Absicht. Aber für Friederike Steinfeld ist gut gemeint nicht gut genug. Kein Wort verlieren die Redner darüber, dass die Großmutter mit einem Holzbildhauer verheiratet und eine ausgelassene junge Frau gewesen war, die oft gesungen hat. Dieser Blick auf das Leben der Großmutter außerhalb der Mauern der Psychiatrie ist Friederike Steinfeld wichtig. Nur die eine Marta Herzog zu erwähnen bedeutet, den Blick der Täter auf ihre Großmutter zu übernehmen. Sie will betont wissen, dass es auch einmal eine Normalität gegeben hat. Niemand ist immer nur Opfer, sagt dieses Beharren auf einem Perspektivwechsel.

Bei der feierlichen Einweihung des Stolpersteins kursieren unter den Teilnehmern Kopien der Krankenakte ihrer Großmutter. Dieses amtliche Dokument voller intimer Details geht niemanden etwas an, findet Friederike Steinfeld. Das Wort Datenschutz spricht sie nicht einmal aus. Für sie ist das Problem kein bürokratisch-juristisches, sondern ein moralisches, eines des nötigen Respekts vor einem fremden Schicksal. Der Wunsch nach öffentlicher Geschichtsaufarbeitung und der anhaltende Hader der Betroffenen mit dem Unrecht gehen nicht immer leicht zusammen. Auf einigen der kopierten Schriftstücke ist unübersehbar der Archivstempel »Nur für den persönlichen Gebrauch. Nicht an Dritte weitergeben!« zu lesen. Nun hat diese Dokumente der Sohn des ehemaligen Nachbarn in der Hand. Jeder, der will, kann sich kundig machen und nach Lust und Laune in Marta Herzogs Leben stöbern. Den Opfern Namen, Gesicht und individuelles Schicksal zurückzugeben, wie die Stolperstein-Feier das für sich beansprucht, gleicht offensichtlich einem Gang mit einer schweren Last über dünnes Eis.

Friederike Steinfeld empfindet Demütigung, sieht darin einen späten Triumph der Täter. Die Stigmatisierung geht für sie weiter – gerade in dem Versuch, vergangenes Unrecht nach Jahrzehnten zu brandmarken. Vielleicht ist sie da gar nicht überempfindlich. Bei den Schicksalen der Menschen, die als Psychiatriepatienten ihrer Rechte beraubt und ermordet worden sind, muss Behutsamkeit oberste Handlungsmaxime sein. Jede Familie muss ihren eigenen Zugang zur Krankengeschichte finden. Denn Krankheit hört nicht einfach auf, wenn sich die politischen Vorzeichen ändern. Und Geisteskrankheit ist noch immer ein gesellschaftliches Tabu.

Auch Friederike Steinfeld will dem Schweigen eigentlich ein Ende bereiten. »Aber muss denn überall die genaue Diagnose meiner Großmutter veröffentlicht werden?«, fragt sie. Nie hätte sie zu dieser Form der späten Bloßstellung ihre Zustimmung gegeben. Aber niemand hat sie gefragt. So wenig wie ihren Bruder. Auch er ist entsetzt. Friederike Steinfeld hat viele Vorträge zum Thema besucht und sich umgehört. Sie weiß, dass es auch Angehörige gibt, die ihre Zustimmung zum Verlegen eines Stolpersteines verweigert haben. Sie hat fest darauf gesetzt, ja erwartet, dass man sie fragt, ob ihr das alles recht sei. Während der Feier ringt sie mit sich, ob sie laut Einspruch erheben und die Eintracht an diesem sonnigheiteren Samstagmorgen stören soll. Ob sie den Stolz der Menschen, die in bester Absicht Gutes zu tun glauben, durch ihre Vorwürfe erschüttern soll. Sie fürchtet, dass man sie als Störenfried verachten und verlachen wird, als Frau, die eben – es liegt ja wohl in der Familie, man hat ja die Akten in der Hand – etwas seltsam ist. Friederike Steinfeld weiß, wie es ist, wenn andere wortlos den Stab über einen brechen. Oft hat sie das erlebt. Das Wort »Erbkrankheit« ist tief im kollektiven Gedächtnis verankert. Die Nationalsozialisten haben da ganze Arbeit geleistet.

Als Kind erlebte Friederike Steinfeld, dass ihre Schulfreundin Margit von einem Tag auf den anderen nicht mehr neben ihr sitzen durfte, weil sie aus einem »verruchten« Elternhaus stamme. Margits Mutter war eigens deswegen in die Schule gekommen, um eine Trennung zu fordern. Vor versammelter Klasse hatte die Lehrerin daraufhin verkündet, dass Margit in Zukunft in einer anderen Bank sitzen werde – und nicht mehr neben Friederike. Es sollte auch keinen Wechsel geben, kein anderes Mädchen als neue Nachbarin. Dreieinhalb Jahre lang saß Friederike allein in ihrer Bank und wusste nicht, was an ihr so schlimm sein sollte. Wenigstens begriff ihre Lehrerin, die empörtem Druck nachgegeben hatte, dass das Kind begabt war – und drang darauf, dass Friederike auf die Realschule gehen durfte. Sie sprach bei den Eltern vor und überzeugte sie.

Mit anderen Kindern Kontakt aufzunehmen, traute sich Friederike nach der Erfahrung der Ächtung indes nicht mehr. Sie zog sich zurück, ihr Leben wurde düsterer. Den Begriff »unwertes Leben« hörte sie zwar erst später. Doch im Rückblick passt er natürlich auch zu dieser ersten Erfahrung der Ausgrenzung: Das haben Erwachsene, Eltern ihrer Mitschüler, in ihr gesehen – und das haben sie ihr vermittelt, noch bevor der Begriff dafür in Friederikes Wortschatz existierte. Immer schwelte das Gefühl, irgendwie unwert zu sein und nicht dazuzugehören. Die Ideologen des NS-Staates hatten Euthanasie betrieben, um das zu verhindern, was in ihrem Denken und ihrer Terminologie »erbkranker Nachwuchs« war. Friederike Steinfeld, die Enkelin einer Ermordeten, hat zu spüren bekommen, dass es sie eigentlich gar nicht geben sollte. »Ich bin die Nachfahrin unwerten Lebens«, sagt sie, wenn man sie fragt, ob die Terminologie von damals noch Bedeutung für sie hat. »Mein Leben ist schon sehr beeinträchtigt dadurch«, fügt sie nachdenklich an. Wut empfindet sie jedoch nicht gegenüber diesem Teil der deutschen Geschichte. »Mir bleibt einfach der Atem weg«, sagt sie.

Sie lebt – und kann die frühere Geringschätzung ihrer Person doch nicht abschütteln. Die Erfahrungen haben sich eingegraben. Friederike Steinfeld hat erlebt, wie ihre gemütskranke Mutter mit dem Leiterwagen durch den Ort gezogen wurde, um in die Psychiatrische Klinik im Stadtzentrum gebracht zu werden. Die Mitbürger standen gaffend am Straßenrand. So etwas erlebte man ja nicht alle Tage. Die gutgemeinte Geste, die feierliche Versammlung bei der Stolperstein-Einweihung wiederholt für die Enkelin der Ermordeten und die Tochter der Eingewiesenen im Grunde noch einmal das Erlebnis des Leiterwagens. Wieder wird Leiden zur Schau gestellt und eine Kranke, die sich nicht wehren kann, gleichsam durch den Ort gezerrt. Wenigstens weiß niemand von den Feierstundengästen, dass Friederike Steinfeld selbst ein Leben lang in der Angst gelebt hat, geisteskrank zu werden, wie sehr sie gegen den Sog der Krankheit angekämpft hat.

Das Verschwinden der Großmutter Marta Herzog aus dem Familienleben im Jahr 1916 markiert das Ende einer intakten Familie und den Anfang vom Unglück. Friederike Steinfelds Großvater sieht sich nicht in der Lage, seine drei Kinder alleine zu versorgen. Die Situation überfordert ihn in vielerlei Hinsicht. Er sucht eine Kinderfrau und findet eine, die seine Ehefrau werden will. Wann genau sich der Großvater von seiner Frau scheiden ließ, ist unbekannt. Ob er die Beziehung nach Jahren der Trennung infolge der Krankheit für sinnlos hielt oder ob er sich irgendwann dem Druck der nationalsozialistischen Ideologie beugte, kann heute niemand mehr sagen. Und die Frage, ob seine Wiederheirat auf echter Zuneigung fußte oder auf der Sorge, dass ihm Haushalt und Kindererziehung über den Kopf wachsen könnten, entzieht sich ebenfalls auf immer der Beantwortung. Tatsache ist: Er löste nicht einfach eine Lebensgemeinschaft in einer normalen Zivilgesellschaft auf. Er ließ, das muss man sagen, so hart es auch klingen mag, seine Frau fallen.

Durch die Scheidung hat die Mutter seiner Kinder endgültig keine Fürsprecher mehr. Wenn sie von Anstalt zu Anstalt weitergereicht wurde, gab es keine befugte Person draußen mehr, mit der das abgestimmt werden musste und die Einspruch hätte erheben können. Marta ist von nun an ganz den Institutionen ausgeliefert. Für eine psychisch Kranke kam das im NS-Staat einem Todesurteil gleich.

Mit den Kindern geht die Stiefmutter in spe wenig zimperlich um. Vor allem Friederikes Mutter leidet unter deren Kaltherzigkeit und den körperlichen Übergriffen. Als Beleg dafür, dass die Gefühlskälte nicht nur eine Erfindung oder Übertreibung ihrer Mutter war, führt Friederike Steinfeld den Beruf der Stiefmutter an. Bevor sie Kinderfrau bei den Herzogs wurde, verdiente sie ihr Geld als Leichenwäscherin. Gefühle sind in diesem Metier eher fehl am Platz, will man am Leid der anderen nicht zerbrechen. Eisig soll die Atmosphäre mit ihrem Erscheinen im Haus geworden sein. Die Frau, die zunächst als Kindermädchen und Haushälterin angetreten war, offenbarte bald wahren Hass auf die erkrankte Ehefrau.

Warum aber war sie so grausam zu den Kindern? War es die viele Arbeit, die sie mit den drei Kleinen hatte, oder ließ sie an ihnen die Unzufriedenheit aus, nicht schnell an die Stelle der Ehefrau rücken zu können? Vor allem der Säugling, Friederikes Mutter Lydia, muss sehr gefröstelt haben unter diesem kalten Regiment. Lydia erzählte ihrer Tochter später von Selbstmordversuchen, die sie bereits während der Kindheit unternommen habe. Eine der schlimmsten Hypotheken für Lydias Leben jedoch war der anklagende Vorwurf der anderen: »Du bist schuld am Irrsein deiner Mutter. Wärest du nicht geboren, wäre sie noch gesund!« Das war zwar

Das Glück war mit Händen zu greifen:
Lydia und Wilhelm Steinfeld.

dummes Gerede, in bestimmten Situationen als Knüppel schwarzer Pädagogik gebraucht, aber ein Kind oder eine Heranwachsende kann das nicht als solches einfach abtun. Die Worte nagten zeitlebens an Lydia – in unterschiedlicher Intensität.

Doch was Schnulzen und Groschenhefte so gern versprechen, den großen Lohn für schlimmen Kummer, schien in Lydias Leben Wirklichkeit zu werden. Sie findet eine Liebe, die ihr helfen kann, einen Schlussstrich unter die furchtbaren Jahre zu ziehen. Friederike Steinfeld hat ein Bild, das für sie das Glück beweist und ausmalt, das ihrer Mutter trotz allem noch zufiel. Die Fotografie zeigt Friederikes Eltern als verliebtes Paar in klassischer Pose: zwei Menschen, die einander sehr nah sind.

Friederikes Vater Wilhelm hatte eine kecke Besonderheit:

Er konnte Frauen mit seinem Mandolinenspiel verzaubern. Das aber war nichts gegen die beseelte Leichtigkeit, die Lydia durch diese Verbindung ergriff. Sie wurde zu einem kleinen Enfant terrible in engen Verhältnissen, erinnert sich ihre Tochter. Sie pfiff auf Konventionen. Wenn andere Damen einen Hut aufsetzten, ging sie ohne Kopfbedeckung aus dem Haus. Wenn sie ihren entfernt wohnenden Künftigen im Haus von dessen Eltern besuchte, blieb sie über Nacht. Auch das war nicht unbedingt die sittsame Norm jener Tage, weshalb Wilhelms großzügige Mutter auf streng getrennten Zimmern bestand. Nachts aber schlich Lydia zu ihrem Wilhelm. Irgendwann im Jahr 1939 muss jenes Bild entstanden sein, das Friederike Steinfeld so gerne anschaut. Zwischen Lydia und Wilhelm Steinfeld wuchs da eine Liebe heran, die sich souverän über die herrschende Meinung hinwegsetzte. Und die letzten Endes dekretiert: Man lässt sich nicht mit der Tochter einer Geisteskranken ein, man sieht ja, wohin das führt.

Im Juni 1941, nach 25 Jahren, in denen sie in Heilanstalten mehr verwahrt als behandelt wurde, wurde Marta Herzog im Alter von 57 Jahren ermordet. Die Leiche wurde sofort kremiert, angeblich aus hygienischen Gründen. Die Urne mit ihrer Asche – oder mit dem, was die Nazis dazu deklarieren, wer kann das schon überprüfen – ging per Post an ihre Familie. Das NS-Regime wollte damit keineswegs normales Familiengedenken ermöglichen, es entledigte sich schlicht einer Altlast. Lydia dürfte in jenen Tagen wieder einmal besonders klargeworden sein, welchen Außenseiterstatus sie in der braunen Volksgemeinschaft besaß.

Umso mehr wog für sie die Liebe Wilhelms. Und der wagte das Ungeheuerliche: Er machte diese Liebe amtlich. Nach Paragraph 27 des Wehrgesetzes aus dem Jahre 1935 brauchte der mittlerweile in Uniform Gesteckte wie jeder

Wehrmachtsangehörige für eine Heirat die Erlaubnis seiner Vorgesetzten. Die waren nach Sichtung des Familienbuchs entsetzt über die Wahl. Wilhelm aber ertrotzte sich die Zustimmung, obwohl er den Preis dafür kannte. An die zuvor angestrebte Offizierslaufbahn war nun nicht mehr zu denken.

Noch im Jahr der Ermordung von Lydias Mutter ließ Wilhelm einen Ring fertigen und trat mit ihr vor den Standesbeamten. Die Ringgravur – die Ziffern des Jahres 1941 – erinnert an einen Triumph über die Normen. Aber Lydia und Wilhelm wollten auch über den Tod triumphieren. Sie wollten neues Leben zeugen, was den Nazis in ihrer perversen Terminologie endgültig wie ein Akt vorsätzlicher Schädigung der Volksgesundheit vorgekommen sein muss. Wilhelm Steinfeld wollte eine Tochter.

Friederike Steinfeld wird sich später den Mut und die Liebe dieses Mannes, der sich damit über Drohungen von Behörden und gute Ratschläge der eigenen Familie hinwegsetzte, immer wieder vergegenwärtigen. Immer dann, wenn sie glaubte, an ihrem eigenen Verstand zweifeln zu müssen. Diese Liebe sollte ihr Anker werden in seelischen Stürmen. Da war sie aber längst ein Schatz der Erinnerung, keine Kraft der Gegenwart mehr.

Es gibt ein letztes Foto vom kleinen Glück einer Familie inmitten des großen Unglücks einer brennenden Welt, aufgenommen während eines Fronturlaubs. Darauf ist Friederike Steinfeld noch einmal mit Vater und Mutter gemeinsam zu sehen. Lydia hat ihrer Tochter später erzählt, der Vater sei während dieses Besuchs sehr bedrückt, fast gebrochen gewesen. Die Fragilität seines Glücks sei ihm in jeder Sekunde bewusst gewesen. An der Front, die wieder auf ihn wartete, gab es keinen Siegesglauben mehr. Nur das mehr oder weniger pessimistische Ausrechnen der eigenen Chancen, das nächste

Gefecht zu überleben, den nächsten Artilleriebeschuss, das nächste Bombardement aus der Luft. Wilhelm Steinfeld hatte das Gefühl, an einer Lotterie des Todes teilnehmen zu müssen, mit vielen Ziehungen jeden Tag. Er, der sich einst freiwillig voller Begeisterung für diesen Krieg gemeldet hatte, redete nun streng Verbotenes. »Das ist der größte Unsinn«, bekannte er. Er soll sogar darüber nachgedacht haben zu desertieren. Aber dann trat er, vor allem, weil er sich seinen jungen Schutzbefohlenen gegenüber, den teils erst 16- und 17-jährigen Jungs in seiner Einheit, in der Pflicht sah, den Weg zurück an die Front an. Diesen halben Kindern in den Gräbern und Granattrichtern mochte er es nicht antun, nicht zurückzukommen. »Aber uns«, hadert Friederike Steinfeld in schwachen Stunden später mit seiner fatalen Entscheidung, »uns konnte er das antun.«

Wilhelm Steinfeld fällt noch auf der Rückreise nach Russland am 26. September 1943 bei Schamowo, einem kleinen Dorf auf dem Weg zur Front. Ein Tiefflieger attackierte den Kleinbus, in dem er saß. Der Angriff zerfetzt Wilhelm einen Arm und ein Bein. Weder Arzt noch Sanitäter sind zur Erstversorgung in der Nähe. Wilhelm Steinfeld weiß, dass es für ihn kein Überleben gibt. Er wird verbluten und äußert einen letzten Wunsch: Er will alleine sterben. Seine Kameraden, die seiner Familie später von diesem Ende berichten werden, schickt er weg. Sie sollen nicht an seiner Seite ausharren und erst am nächsten Morgen wieder nach ihm schauen – wenn er gewisslich nicht mehr leben wird. Sie respektieren seinen Wunsch. Er sei ein Mann gewesen, der die Dinge nun einmal gerne mit sich selbst ausgemacht habe, sagen sie später. Friederike Steinfeld tröstet sich mit dem Gedanken, dass man rasch das Bewusstsein verliert, wenn man verblutet. Auf die Schmerzen müsse wohl bald der Todesschlaf gefolgt sein.

Aber allein, so die Überzeugung der Tochter, sei der Vater in seiner Todesstunde keinesfalls gewesen. Über 2000 Kilometer westlich, im Westerwald, genauer in Herborn, findet seine junge Frau keinen Schlaf in jener Nacht. Sie drückt ihre kleine Tochter fest in den Arm und ahnt Schlimmes. Lydias Gabe der Intuition hatte ihr und Friederike schon einmal das Leben gerettet. Damals hatte sie mitten im Zustand äußerster Ermattung große Panik ergriffen. Sie hatte plötzlich den Drang verspürt, die kleine Klinik, in der sie gerade entbunden hatte, zu verlassen. Gegen den Rat der Ärzte hatte sie ihr Kind an sich genommen und war davongewankt. Einige Stunden später war die Klinik bombardiert worden. Niemand in dem Gebäude sollte überleben.

An jenem Tag, der Lydia später als Todestag ihres Mannes bestätigt werden sollte, überkommt sie eine ähnliche Unruhe. Stundenlang sitzt sie da, handlungsunfähig und aufgeregt zugleich. Die Verwandten, bei denen sie zu der Zeit wohnt, drängen sie, doch das Kind endlich ins Bettchen zu legen und selbst schlafen zu gehen. Doch sie hält weiter starr Wache und umklammert ihre Tochter. »Ich spür's, der Wilhelm stirbt«, wehklagt Lydia. Seitdem findet sich auch in der Familiengeschichte der Steinfelds jene Anekdote, die in so vielen Sterbeerinnerungen so vieler Familien die innere Verbundenheit mit den weit Entfernten symbolisiert – das Stehenbleiben einer Uhr. In diesem Moment, so hat es Lydia Steinfeld weitergegeben, habe sie gewusst, dass Wilhelm tot sei.

Eine weitere Bestätigung habe die Mutter gar nicht mehr gebraucht, sagt Friederike heute. Aber die kam trotzdem, ein Brief von der Front, in dem Wilhelms Kameraden die Armbanduhr des Toten schickten und das Bild seiner Frau, das er den ganzen Krieg über, auch in seiner letzten Nacht, bei sich getragen hatte. Obendrein legten sie, nicht unbedingt takt-

Wilhelm Steinfeld starb in diesem Bus auf dem Rückweg zur Front.

voll, aber wohl wissend, dass eine Lücke in der Vorstellung schlimmer sein kann als die brutale Gewissheit, Fotos des zerstörten Fahrzeugs bei: ein halb aufs Dach gekippter Kleinbus, oben wie von einem enormen Haken aufgerissen, seitlich eingequetscht und zerknüllt, mit seltsam heilen Sitzbänken, die man durch die nun glaslosen Seitenfenster erkennen kann, als wollten die Fotos den quälenden Gedanken herbeilocken, dass hier jemand mit ein wenig mehr Glück vielleicht doch hätte überleben können. Die Todeszeit, die Wilhelms Kameraden nennen, stimmt in etwa mit der Zeit überein, zu der in Herborn die Wanduhr mit dem Pendel zu ticken aufgehört haben soll. Es mag umgekehrt gewesen sein – vielleicht hat sich die Erinnerung an die stehengebliebene Uhr allmählich der Stunde des Todes angeglichen. Aber so ist es für die Hinterbliebenen ein nicht spukhaftes, sondern tröstliches Zeichen geworden. Friederike Steinfeld ist überzeugt, ihr Vater habe die Kameraden fortgeschickt, um mit seinen Gedanken an sie und ihre Mutter allein sein zu können. Die Uhr im Elternhaus ist der Beleg für die Kraft dieser Gedanken, für ihr Hinreichen bis nach Deutschland.

Wilhelm war die Wärme in Lydias Leben gewesen. Die war nun auf schmerzliche Weise wieder gewichen. Lydia, eine von vielen Kriegswitwen, muss nun Geld verdienen, sie ist die einzige Versorgerin der Familie. Für Friederike, die sich an die Stimme ihres Vaters bereits nicht mehr erinnern kann, wiederholen sich nun die bösen Erfahrungen der Mutter. Sie benötigt tagsüber Betreuung und kommt in die kalte Obhut jener Frau, die bereits der Mutter schwer zugesetzt hatte. Schon zu Beginn ihres Lebens war sie der Gewalt ihrer Stiefoma einmal ausgesetzt gewesen. Nach ihrer Flucht aus der Geburtsklinik hatte Lydia Steinfeld die Tochter schweren Herzens ihrer Stiefmutter anvertrauen müssen. Ausgebombt und ohne eigenes Dach über dem Kopf hatte sie bei der Familie unterschlüpfen müssen. Die wenige Tage alte Friederike mochte damals partout nichts trinken. Lydia Steinfeld, von der Entbindung noch geschwächt und von Friederikes bedrohlichem Unwohlsein aufgebracht, war selbst krank geworden, so krank, dass sie für mehrere Wochen zurück in ein Krankenhaus musste. Die Tochter kann heute nicht sagen, an was die Mutter damals gelitten hat. War es eine Kindbettdepression? Das Wort taucht in der Familiengeschichte nicht auf. Überliefert aber ist Friederikes Zustand, als Lydia aus dem Krankenhaus entlassen wurde und nach Hause kam: Ein völlig abgemagertes Kind lag da apathisch in seinem Bettchen. Es brauchte Wochen, bis sich Friederikes Zustand wieder normalisierte.

Lydia Steinfeld hatte keinen Beruf erlernt. Um sich und

ihre Tochter zu ernähren, bleiben ihr nur Hilfsarbeiten. Sie verdingt sich als Näherin und hilft in einem Lebensmittelgeschäft an der Kasse aus. Die Arbeitstage sind lang, ihre Tochter ist derweil ganz der Stiefmutter ausgeliefert. Der Großvater spricht inzwischen sehr dem Alkohol zu. Als Holzbildhauer bekommt er keine Aufträge mehr. Manchmal vergreift er sich wohl aus lauter Frust auch an seiner Enkeltochter. Friederike Steinfeld formuliert das sehr zögerlich und bleibt distanziert ungenau. Sie will den Gedanken an Missbrauch ganz offensichtlich nicht in ihr Leben lassen.

Sie kann zwar kleine Erinnerungsfetzen aufrufen. Aber Jahrzehnte später ist sie nicht mehr in der Lage, sicher auseinanderzuhalten, was sie selbst erlebt hat und was sich an Bruchstücken der Erzählungen ihrer Mutter als vermeintlich eigene Erinnerung bei ihr eingenistet haben könnte. Was geschehen sein könnte, hält sie sowieso im Ungefähren. Klarere Erinnerungen könnten eventuell ihr Leben auf den Kopf stellen. Sie verbietet sich jeden Gedanken daran, dass das, was sie nicht mehr sicher weiß, ihr Leben möglicherweise ebenso oder stärker bestimmt haben könnte als die Krankheitsgeschichte der Frauen in ihrer Familie. Was sie fest im Gedächtnis behalten hat, ist nur ein Grundgefühl: jenes, als vaterloses Kind schutzlos der Welt ausgeliefert zu sein.

Diese Schutzlosigkeit wird zu einem ihrer beiden Lebensmotive. Das andere hallt in den oft gehörten Worten der Stiefoma in ihrem Kopf wider: »Du bist wie sie! Du siehst aus wie sie! Du wirst enden wie sie!« Gemeint war wieder einmal die »irre Großmutter«. Zu den Fragen, die sich mit Friederikes Erinnerungen allein nicht mehr beantworten lassen, zählt die, ob die Stiefoma wirklich so boshaft war oder ob aus den hinausgeschrienen Sätzen auch die Hilflosigkeit einer überforderten Frau spricht.

Friederike Steinfeld mit ihrer Mutter

Friederike ist in der Tat ein Kind, das es nicht leicht hat, es seiner Umwelt aber auch nicht leicht macht. Sie ist ungebärdig und kränkelnd zugleich, ein Teuflskreis: Je länger sie ruhiggestellt werden muss, desto mehr Energie staut sich in ihr auf. Und keiner hat dauernd ein Auge auf sie, sie läuft irgendwie mit im Familienbetrieb, bis zum nächsten Malheur. Friederike will spielen und auf Bäume klettern – und muss dafür ins Krankenhaus. Immer wieder springt ihr wegen einer Fehlstellung die Kniescheibe heraus, vielleicht eine Folge der Mangelernährung im Krieg. Ihre Beine müssen dann eingebunden werden. Für den Wildfang eine Qual ohne Ende. Dazu kommen ein Rückenleiden und ein nicht intaktes Herz. Wenn die anderen toben, soll sie sich schonen – kein Umstand, der einer Fünfjährigen einleuchtet. Sie begehrt auf, sie trotzt, sie verweigert sich der angeordneten Vernunft. Als sie ein wenig älter ist, will sie tanzen. Aber auch da machen ihre Beine nicht mit. Sie wird misstrauisch gegen sich selbst, hat das Gefühl, ihr eigener Körper wolle sie in die Einsamkeit zwingen. Sie will dem nicht nachgeben und wird doch zur Einzelgängerin. Das ist nicht ihre Wahl. Doch in ihrem Ortsteil ist ihre »Sippschaft«, wie es böse heißt, ohnehin geächtet, als Irrenhäusler und Kommunisten. Eine, die nicht will und auch nicht kann wie die anderen, passt ins Bild – ins Bild der gefährlich defekten Sonderlinge, die es zu meiden gilt.

Friederike ist sechs Jahre alt, als ihre Mutter ihr erzählt, dass die irre Großmutter von den Nazis umgebracht wurde. Und dass sie, Lydia, daran schuld sei, denn nach ihrer Geburt sei die Oma in den Wahnsinn übergeschnappt. Schwere Kost für ein gerade eingeschultes Kind. Friederike hört die Worte, ihre Bedeutung erfasst sie nicht. Doch die fest in die Erinnerung eingehenden Sätze entfalten eine Langzeitwirkung. Immer wieder steigen sie auf – und von Jahr zu Jahr ängstigen sie Friederike mehr. Bis heute gärt diese Aussage in ihr.

Seit Jahren engagiert sich Friederike Steinfeld in der Sterbebegleitung, vielleicht, weil so früh in ihrem Leben vom Tod die Rede war. In Gedanken umkreist sie ihn. »Ich will ruhig sein, wenn es so weit ist«, sagt die heute 68-Jährige. Vor allem will sie zur Ruhe bringen, was als Kind in ihr als Unruhe angelegt worden ist. »Ich war eine seltsame Heranwachsende«, sagt Friederike Steinfeld heute und muss den Kopf schütteln über die Tatsache, dass sie das alles irgendwie überstanden hat.

Um die Zeit, als man ihr mit dem Tod der Großmutter und der Schuld der Mutter die Seele belastete, heiratet die Mutter erneut – und zwar einen Mann, der sie seit ihrer Schulzeit verehrt hat. Lydia hatte in Schultagen nichts von ihm wissen wollen, und auch jetzt schien es nicht Liebe gewesen zu sein, die sie seinem Werben endlich nachgeben ließ. Lydia wollte wohl einfach wieder jemanden an ihrer Seite haben. Die große Liebe hatte sie schon erlebt und verloren. Nachträglich kommt es Friederike Steinfeld ein wenig so vor, als hätte die Mutter sich mit nüchternem Blick den Realitäten zugewandt und einen Mann geheiratet, der ihr als Installateur wie ein verlässlicher Versorger einer kleinen Familie erschien.

Der Mann verehrt sie dumpf. Er ist das genaue Gegenteil von Wilhelm Steinfeld. Friedrich Schrader hinkt und gilt darum als wehruntauglich. Er ist ein einfacher Kerl, der in einfachen Sätzen redet. Friederike kommt anfangs bestens mit ihm zurecht. Die drei ziehen in eine eigene Wohnung, eine Tagesmutter kümmert sich um Friederike. Diese Nenntante ist streng, aber liebevoll. So sehr, dass ihre Zuneigung auch noch für Lydia Schrader reicht, für die sie eine Art Ersatzmutter wird. Friederike hat schnell ihren Spitznamen weg, heißt nur noch »Friederike mit den Schlangenarmen«. Wie ein Klammeräffchen hängt sie an ihrem neuen Vater. Mit ihm kann das Mädchen ausleben, was es bis dahin an väterlicher Nähe vermisst hatte, und die Demütigungen in der Schule vergessen. Für eine Weile bildet das einen Schutzwall gegen das Gehänseltwerden.

Die Gemeinschaft zwischen Mutter und Tochter berührt das nicht. Sie bleibt so eng, dass der inzwischen die Familie

Friederike mit ihrem kleinen Bruder

erweiternde Bruder sich beklagt, er sei seiner Mutter überhaupt nicht wichtig. Zu diesem ersten Riss im heimischen Idyll gesellen sich weitere, als der Vater durch Krankheit arbeitslos wird. Nun sitzt er frustriert den ganzen Tag in der Wohnung herum und wandelt sich vom liebevollen Mann zum misslaunigen Tyrannen. Nicht nur er ist verbittert, dass nun seine Frau das Geld für den Unterhalt der Familie allein verdienen muss. Auch der sensiblen Lydia setzt das zu. Weil sie nun täglich lange abwesend ist, kümmert Friederike sich intensiv um den Bruder – und rutscht so in eine widersprüchliche Doppelrolle: Freundin der Mutter und Mutter des Bruders.

Mit 14 Jahren wird die Stadtbücherei Friederikes Lieblingsort. Dort leiht sie sich Lektüre gleich stoßweise aus. »Ich habe mich als Teenager durch die Königsdramen Shakespeares gelesen«, sagt sie stolz. Sie versteht damals zwar noch nicht alles, aber in ihrem Kopf ist sie an einen Ort gelangt, an dem die Realität ohne Bedeutung und sie selbst ein geschichtsloses Wesen ist. »Lesen, das war mein neuer Schutzwall«, sagt sie.

Wie viele Leseratten beginnt auch Friederike, sich eigene Geschichten auszudenken und zu Papier zu bringen. Phantastische Stoffe mag sie besonders. Im Schulaufsatz glänzt sie – noch nie, lobt die Lehrerin, habe sie so phantasievolle Aufsätze vorgelegt bekommen. Und hakt doch misstrauisch nach, wo Friederike »das denn abgeschrieben habe«. Die Phantasie des Mädchens beschränkt sich nicht aufs Schreiben. Friederike schmiedet Zukunftspläne, will selbst Lehrerin werden. Doch keiner nimmt diesen Wunsch ernst. Dass sie Germanistik studieren will, hält man in den kleinen Verhältnissen um sie herum für ein Hirngespinst – oder bereits für ein erstes Indiz der Krankheit.

Im Moment der Zukunftsplanung holt die Vergangenheit Friederike in Form des Misstrauens der anderen ein. Wieder hängen Verweise auf »die irre Großmutter« als Drohung über ihr. Gegen die immer wieder über sie hereinbrechenden Beschimpfungen und raunenden Andeutungen gibt es keinen Schutzpanzer. Ankersätze ihres Lebens nennt sie die Mahnungen, Zurechtweisungen und Schmähungen.

Die Angst vor der Krankheit hatte sie erstmals in ihrer Kindheit erfasst, zu einer Zeit, als sie das Ausmaß der mysteriösen Bedrohung noch nicht einmal ansatzweise erfassen konnte. Verschlimmert worden war das diffuse Gefühl durch eine Warnung der Mutter: »Du musst aufpassen. Diese Krankheiten überspringen meist eine Generation. Nimm dich in Acht, dass du sie nicht auch kriegst.« Was Lydia da formulierte, war die gängige Meinung der Zeit. Wie aber soll sich ein Mädchen in Acht nehmen, dem fortwährend von anderen die Samen der Angst in Kopf und Gemüt gepflanzt werden?

Eine Maßnahme der Selbstbewahrung erfolgt sieben Tage nach Friederike Steinfelds 21. Geburtstag. Da zieht sie von zu Hause aus. Die Betreuung ihres jüngeren Bruders hatte ihr die Gewissheit verschafft, dass sie anderen helfen kann und möchte. Deshalb hatte sie sich für ein soziales Jahr in einem Kinderheim entschieden. Dort aber merkt sie, dass die vielen Kinder ihre Kräfte übersteigen. In ihrer Planung verunsichert, sich einen Beruf im Sozialwesen zu suchen, gibt sie dem Drängen ihrer Familie nach und absolviert eine Schnelllehre in einer Sekretärinnenschule. Sie findet Arbeit als Verwaltungsangestellte auf dem städtischen Jugend- und Sozialamt.

Doch noch mag Friederike Steinfeld von ihren vorigen Berufsträumen nicht ganz lassen. Sie überlegt, die Begabtenprüfung zu absolvieren, um auf diesem Wege zum Germanistikstudium zu kommen und Volksschullehrerin zu werden. Aber sie bricht die Versuche wieder ab. Schon während ihres sozialen Jahres hatte sie auf das Abitur gelernt – und hingeschmissen. Sie ist hoffnungslos überfordert von ihren eigenen und fremden Ansprüchen.

Durch einen Ortswechsel versucht Friederike, ihr Leben zu ordnen. Mit 22 nimmt sie in München eine Stelle in einer Rechtsanwaltskanzlei an. Aber zur Ruhe kommt sie dort nicht. Sie wird die Geliebte ihres dreißig Jahre älteren Chefs, der eine bestens arrivierte Figur ist und wichtige Entschädigungsklagen gegen die Bundesrepublik führt. Friederike Steinfeld wohnt in einem Haus, in dem sie die einzige Nicht-Studentin ist. Sie bekommt Kontakt zur Außerparlamentarischen Opposition, ist nachts oft in der Universität unterwegs und vervielfältigt Flugblätter; die verteilt sie und agiert manchmal an der Grenze zur Legalität. Ihr Liebhaber weiß von ihren Aktivitäten. So wie sie weiß, dass er unter seiner Vergangenheit bei der Waffen-SS leidet.

Ihr Alltag in jener Zeit, so sagt sie heute, war ein Pakt mit dem Feind. Sie teilte Tisch und Bett mit einem Mann, den sie sich in ganz anderen Situationen vorstellen konnte. Männer wie er, dachte sie, trugen die Verantwortung dafür, dass man ihre Großmutter getötet hat, Männer wie er hatten eine Politik des Verbrechens entworfen, Kliniken als Vernichtungsanstalten geführt, Hilflose zur Hinrichtung gezerrt. Diesen Widerspruch zwischen Ekel und Hingabe muss man aushalten können. Als ihr Liebhaber und Arbeitgeber einmal zusammenbricht, ist sie es, die ihn pflegt, die wieder als Selbstlose für andere zurücksteckt. Aber sie verkraftet das Durcheinander von Nähe und Abgestoßensein nicht problemlos. Ihre depressiven Phasen nehmen zu. Parallel verschlechtert sich der Zustand ihrer Mutter rapide. Der zwölfjährige Bruder berichtet Beunruhigendes: Die Mutter liege immer öfter nur noch im Bett. Sie koche nicht mehr, sei komisch. Zu allem Übel erkrankt auch noch der Vater schwer und muss immer wieder in die Klinik. In jeder freien Minute fährt Friederike ganz selbstverständlich in ihre 250 Kilometer entfernte Heimatstadt. Auch alle Urlaubstage verbringt sie zu Hause, damit die Mutter sich erholen kann. Ihre eigenen Kräfte schwinden. Im Sprachgebrauch von heute würde man sagen:

Sie bewegte sich auf den Burn-out zu. Aber sie will es nicht merken, verdrängt die alte Angst, selbst so verrückt wie die Großmutter zu werden – und flüchtet sich in die Sorge um ihre Mutter.

Eine solche Strategie der Selbsttäuschung trägt nicht ewig. Friederike Steinfeld gehen die Kräfte aus. Eines Tages wird sie mitten im Diktat in der Kanzlei von einem Weinkrampf gepackt, der kein Ende nehmen will. Ihr Chef, stolz auf seine Kontakte, besorgt ihr einen Termin beim »besten Psychiater der Stadt«, so seine beruhigenden Worte. Als diese Koryphäe von der Familiengeschichte erfährt – »Großmutter verrückt, Mutter verrückt« –, sagt sie Friederike auf den Kopf zu, sie sei »sehr, sehr krank«. Diese Diagnose sollte sie noch öfter hören, ebenso den dringlichen Rat, sie müsse ein Leben lang Tabletten nehmen. Sie fügt sich der Expertenmeinung, schluckt Neuroleptika, Antidepressiva, Beruhigungs- und Schlafmittel und kann »erst mal wieder existieren«.

Sie gibt sich große Mühe, unter Medikamenteneinfluss ihr altes Leben weiterzuführen. Aber Friederike Steinfeld merkt bald, dass sie dieses Leben mit noch so vielen Pillen nicht mehr erträgt. Nicht ihren Liebhaber-Chef, nicht die immer gewalttätigeren Aktionen der APO, die sie zunehmend ängstigen. Und auch nicht die räumliche Distanz zu ihrer Familie. So wagt sie den Bruch. Sie geht zurück in ihre Heimatstadt, zieht in eine Wohnung gegenüber der ihrer Eltern. Ihre Mutter kann direkt in ihr Zimmer schauen. »Ich konnte alleine nicht existieren«, erklärt sie heute diese paradoxe Situation. Einerseits sehnte sie sich damals danach, alles hinter sich zu lassen, andererseits konnte sie nichts wirklich loslassen.

Wie schlecht es ihrer Mutter geht, begreift sie aber trotz der wiederhergestellten räumlichen Nähe nicht sofort. Als die Mutter – sie ist da 54 Jahre alt, die Tochter 26 – ihren ersten

Selbstmordversuch unternimmt, fällt Friederike aus allen Wolken. »Ich weiß nur, dass meine Mutter immer noch heiter war. Sie war eine lachende, singende Frau, seit ich sie kenne, und hatte doch Schlafstörungen, war immer sehr sensibel, sehr empfindsam. Sie hat gelitten, wenn es anderen schlecht ging. Äußerlich ist sie heiter geblieben. Aber damals, das musste sie später zugeben, hat sie überhaupt nicht mehr geschlafen und ist immer nervöser geworden. Dabei kann ich mich nicht erinnern, dass sie jemals geweint hätte.« Über die Großmutter und deren Schicksal können die beiden Frauen sich sehr intensiv unterhalten. Ihre eigenen Seelenzustände, ihre eigene innerliche Not kommen indes kaum zur Sprache. Nur einmal unternimmt Friederike Steinfeld den Versuch, von ihren Ängsten zu reden. Brüsk weist ihre Mutter sie ab. Lydia fürchtet, jeder Satz darüber könne der entscheidende Sprung sein, der die Mauer zum Einsturz bringt, jenes brüchige Konstrukt zwischen dem eigenen Abweichlertum und der bereits einmal erlebten Sanktionswut einer Gemeinschaft, die Abweichungen nicht duldet. »Soll ich den Notarzt holen, willst du in die Klapsmühle?«, herrschte Lydia ihre Tochter damals an. Und die hatte ihren Ersatz für solche Gespräche längst parat. »So hab ich halt«, sagt sie heute, »noch mehr von meinen Tabletten genommen.«

Nach dem ersten Suizidversuch der Mutter aber weiß Friederike Steinfeld, dass die Mauer nun gefallen war. Es gab nichts mehr zu verbergen, nichts mehr vorzutäuschen. Weitere Suizidversuche, das ist ihr klar, würden folgen. Die Angst vor dem Leben ist nun größer als die Angst vor den anderen. Friederike sollte recht behalten mit ihrer Einschätzung. Mehr als zehnmal sollte die Mutter versuchen, sich das Leben zu nehmen. Anfangs schluckte sie Pillen, später versuchte sie, sich zu ertränken. Und Friederike Steinfeld hatte seit der ersten Verzweiflungstat ein neues Gebet: die Bitte, die Mutter möge eines natürlichen Todes sterben dürfen.

Was nicht sein darf und offensichtlich doch sein kann, braucht einen Schuldigen, jemanden, den man haftbar machen kann für die Abweichung der Wirklichkeit vom Ideal. Die Schuldige ist schnell gefunden: Friederike. Als die nach dem ersten Selbstmordversuch der Mutter ihrem Stiefvater begegnet, ist dessen Gesicht von Angst und Anspannung verzerrt. Sie kommt gar nicht erst zu Wort. Er schreit los: »Du bist schuld! Weil du ein so verrücktes Leben führst!« Da war er wieder, der volkstümliche Begriff für seelische Krankheit, auch wenn er diesmal auf die Münchner Jahre abzielte, das politische Engagement, die vermeintlichen Männergeschichten. Die Furcht vor der Krankheit der Mutter lässt sich bei Friederike abladen. Doch die besitzt keine innere Schaufel, sie wieder abzutragen.

Das Leiden der Mutter erstreckt sich über 15 Jahre. An Heilung ist nicht zu denken. »Die Krankheit war sehr raumgreifend in unserer Familie«, schreibt Friederike Steinfeld, als sie Jahre später versucht, ihr Leben zu bilanzieren. »Mein Bruder, ich und mein Stiefvater konnten es uns gar nicht leisten, nicht mehr zu funktionieren. Ich mithilfe von Tabletten.«

Um aus solchen Teufelskreisen herauszukommen, hilft manchmal nur eine Beziehung zu einem Außenstehenden. Liebe kann einem neue Perspektiven verschaffen. Der Mann aber, in den Friederike Steinfeld sich verliebt, ist ebenfalls psychisch gestört. Als der Partner der Stützungsbedürftigen sein Examen machen will, bricht eine Schizophrenie bei ihm aus. Die Beziehung scheitert. Friederike Steinfeld schaut von dem Blatt Papier auf, von dem sie vorliest. »Manchmal glaube ich, die Leute denken, ich denke mir das alles aus. Das ist doch einfach zu viel für einen Menschen. Aber das war wirklich so. Nur dass ich gekämpft und an mir gearbeitet habe.«

Wer Friederike Steinfeld heute trifft, findet eine kraftvoll wirkende Frau, die einen unweigerlich in Bann zieht. Sie ist erfüllt vom Willen, kein Opfer mehr zu sein, sondern bestimmend Handelnde im eigenen Leben. Auch wenn bei ihr noch immer nicht alles so einfach ist wie bei den meisten anderen. Vieles ist ihr deshalb umso kostbarer, ihr Abitur zum Beispiel. Friederike Steinfeld hat es 2005 im Alter von 62 Jahren am Abendgymnasium abgelegt, mit einem Notendurchschnitt von 1,8. Als Einzige hat sie im Fach Deutsch in der Prüfung die Erörterung gewählt. Sie schreibt über die befreiende Kraft des Lesens, ein Text, der tief aus ihrem Inneren kommt. Dafür hat sie den Scheffel-Preis erhalten. Sie ist nach den Jahren des Nebenbei-noch-Lernens erschöpft, aber überglücklich.

In ihrer kleinen Wohnung stehen noch immer Lateinlexika und andere Schulbücher. Alles, was die bescheidenen Räume beherbergen, scheint dem Leben abgetrotzt. Die ehemals Niedergedrückte hat sich vom vermeintlich Zwangsläufigen ihrer Biographie befreit. Gerade das aber kann neue Schmerzen verursachen. Das Abrücken von der Krankheitsgeschichte ihrer Familie, der Versuch der Genesung scheint ihr immer auch wie ein kleiner Verrat an jenen, die gelitten haben. Und eine Verräterin will Friederike Steinfeld keinesfalls sein. Zu lange ist die Leidensgeschichte ihrer Mutter, als dass da souveräne oder kühle Distanz möglich wäre.

Die Krankheit der Mutter spielt sich in einem sich immer wiederholenden Kreislauf ab: Auf einige Wochen in der Familie mit sich verstärkenden Depressionen folgt die Einstellung vieler Lebensfunktionen. Lydia Schrader redet dann nicht mehr, isst nicht mehr und verwahrlost zusehends. Meist enden diese Phasen in einem Selbstmordversuch. Der ganze

Ort nimmt stets regen Anteil daran, wenn sie etwa in psychotischem Zustand durch die Straßen rennt, um sich im Weiher im Wald zu ertränken. Mehr als einmal wird sie, als sie in ihrem selbstzerstörerischen Tun scheitert wie einst ihre Mutter, mit triefenden Klamotten von wohlmeinenden Menschen nach Hause zurückgebracht. Die Zufallszeugen dieses Amoklaufs gegen die eigene Person stehen gaffend am Straßenrand. Wie damals bei der Sache mit dem Leiterwagen. Bis heute erinnern sich die älteren Nachbarn an solch gespenstische Szenen. Friederike Steinfeld und ihr Bruder hören die entsprechenden Anekdoten bei Besuchen am Grab ihrer Mutter noch lange und immer wieder auch den Spruch von »der Irren«.

Auf den jeweils nächsten Suizidversuch der Mutter folgen in der Regel ein Klinikaufenthalt zur Behandlung der körperlichen Verletzungen und danach eine längere Zeit in der Psychiatrie in allen Abstufungen – von geschlossenen bis zu offenen Abteilungen. »Ich habe meine Mutter in diesen 15 Jahren oft in Zuständen erlebt, dass ich dachte, ich zerbreche daran«, erinnert sich Friederike Steinfeld. Die Stimme versagt ihr. Oft genug hat sie in all der Zeit gedacht, ein gnädiger Tod sei für ihre Mutter sehr viel besser als dieses Leben.

Der Stiefvater, der auch seiner kranken Frau noch tief ergeben ist, überredet den Pfarrer irgendwann in den 1970er Jahren zu einer späten kirchlichen Heirat. Lydia Herzog hatte sich das immer gewünscht. Ihr erster Mann Willhelm hatte nicht vor den Altar treten wollen, weil er nicht gläubig war; Friedrich Schrader war bei der Trauung nach dem Krieg ebenfalls nicht in die Kirche zu bewegen gewesen, weil er das mit seiner kommunistischen Überzeugung nicht hatte vereinbaren können. Nun endlich sollte es die ersehnte Zeremonie geben. Das Foto jenes Tages zeigt allerdings, dass seine Frau dieses Geschenk nicht mehr wertschätzen konnte. Mit ausdruckslosem Gesicht sitzt sie mehr als Statistin denn als Akteurin bei ihrer eigenen Hochzeit an der Kaffeetafel, als ginge sie das alles gar nichts an. Starr blickt sie in die Kamera. Sie befindet sich – wie nun eigentlich immer in ihrem Erwachsenenleben – zwischen zwei Klinikaufenthalten. Die Abstände werden kürzer. In einer der schlimmen Phasen ihrer Krankheit will Lydia aus dem Fenster steigen und setzt sich aufs Fensterbrett. Beim Blick hinaus kommt ihr der Gedanke, fliegen zu können. Doch so schwerelos ist ihr Leben schon lange nicht mehr. Ein Gezerre beginnt, schließlich kann Friederike Steinfelds Freund Lydia in letzter Sekunde in die Wohnung zurückreißen. Die Mutter quittiert die Aktion mit Ohrfeigen für den Retter. In guten Phasen läuft sie zu den Vereinen am Ort und meldet sich zurück. »Ich bin wieder da«, sagt sie dann, bevor sie erneut in lähmende Schwermut verfällt. Manchmal klingelt sie nachts Sturm an dem Hochhaus, in dem ihre Tochter jetzt wohnt, und tobt im Eingangsbereich herum.

Lydia Schraders Krankheit ist eine sehr öffentliche. Auch ihrem Tod mit 66 Jahren geht eine dramatische Suchaktion voraus. 1981 reißt sie aus dem Heim aus, in dem sie nun lebt. Es ist November und wird früh dunkel. Der Waldboden ist matschig, die Suchenden quälen sich durch den Dreck. Zwei Tage sind sie im Einsatz, dann entdecken sie im Unterholz eine Tote mit schweren Verletzungen im Gesicht, vom Hinfallen vermutlich. Der Heimleiter identifiziert die Leiche schließlich als Lydia Schrader. Ihr Sohn und ihre Tochter sehen sie nicht mehr. Man rät ihnen davon ab, der Entstellungen wegen.

Immerhin ist Lydia Steinfeld in ihrem geliebten Wald gestorben. Das ist für Friederike ein wenig erleichternd, so wie die Nachricht, die Mutter habe sich nicht selbst getötet. Nach den vielen gescheiterten Versuchen, sich durch eigene Hand aus dieser Welt zu bringen, war sie an den Folgen eines Hirnschlags gestorben. Das hatte man bei der Obduktion festgestellt. »Nach meinem Empfinden hat sie einen sehr schönen Tod gehabt«, sagt die Tochter. »Dafür bin ich höheren Mächten dankbar. Ich war in großer Sorge um ihre Seele. Vermutlich hätte ihr das dramatische Verwirrspiel am Ende ihres Lebens sogar gefallen.« Friederike stockt, Tränen ersticken ihre Stimme. »Es hat auf alle Fälle zu ihr gepasst. Und sie starb in Freiheit.«

Doch die späte Trostperspektive täuscht. Damals kostet der Tod der Mutter die Tochter beinahe den Verstand. Zumal dies nicht der einzige Verlust ist, den Friederike um diese Zeit bewältigen muss. Eine Freundin hatte sich umgebracht. Nur ein Wimpernschlag trennt Friederike damals davon, den Zugriff auf die Realität ganz zu verlieren. Sie erleidet einen totalen Zusammenbruch. Eine befreundete Hausärztin bewahrt Friederike Steinfeld vor einem Suizid. Die hatte sich da schon vorgenommen, das Fenster in ihrer Hochhauswohnung zu öffnen und hinauszuspringen. Die Ärztin bringt sie entgegen allen Regeln persönlich in die psychiatrische Klinik am Ort.

Friederike Steinfeld ist in diesem Moment am absoluten Tiefpunkt angekommen. Sie findet sich in derselben Klinik wieder, in die ihre Großmutter eingewiesen worden war, als deren Leidenszeit begann. Auch in der Krankengeschichte der Mutter spielte diese Klinik eine herausragende Rolle. Immer wieder war sie dort zur Behandlung. Die Klinik ist das Synonym für den Wahnsinn in der Familie. Friederikes Schicksal scheint nun endgültig deckungsgleich zu werden mit den Prognosen und Schreckensbildern, die ein Leben lang um sie herum geschwirrt waren.

Gut und gerne hätte Friederike eine Dauerpatientin der geschlossenen Psychiatrie bleiben können. Es gibt solche Fälle, Menschen, die sich nie mehr so weit erholen wollen oder können, um draußen vor den Mauern mit einem weniger behüteten, weniger reglementierten, weniger von Medikamenten gedämpften Alltag klarzukommen. Aber draußen vor den Mauern gibt es einen jungen Therapeuten, der seine Patientin nicht aufgibt. Immer wieder ruft er in der Psychiatrie an und erkundigt sich nach ihr. Vier Jahre lang hat er sie als Verhaltenstherapeut begleitet. Er hatte sie damals nicht ganz von ihrer Qual befreien können, und er kann es jetzt nicht. Aber er holt sie durch seine hartnäckigen Anrufe zurück in die andere, anstrengende Welt jenseits der Sicherheitstüren.

Gegen die Rückkehr dorthin kämpft selbst Friederikes eigener Körper. Kaum ist sie draußen, generiert er solche Schmerzen, dass die Chirurgen ihr den Bauch aufschneiden wollen. Friederike vertraut den Diagnosen und Vermutungen der Ärzte nicht, stimmt jedoch einer Endoskopie unter Narkose zu. Die überraschende Erkenntnis der Prozedur: Organisch sind ihre Schmerzen nicht erklärbar. Wieder bläut man ihr ein: Sie müssen ihr ganzes Leben lang Tabletten nehmen. Jedes Mal, wenn sie diesen Satz hört, ist die Großmutter wieder gegenwärtig. Etwas in ihr bäumt sich dann auf. »Ich wollte gesund werden«, sagt sie. Und mehr noch: »Ich wollte heil werden.« Das ist ein hoher Anspruch an die eigene Person und das Leben überhaupt.

An eine geregelte Arbeit ist in dieser Zeit nicht mehr zu denken. Kein Arbeitgeber nimmt die vielen Krankheitsausfälle und die Unberechenbarkeit dieser Frau auf sich. Nach 27 Jahren Berufstätigkeit wird Friederike mit 44 Jahren in den vorzeitigen Ruhestand geschickt. Ihre Rente ist deshalb entsprechend niedrig. Die Welt der Funktionierenden hatte sie ausgespuckt. Ihr Therapeut versuchte weiterhin, sie aufzubauen. Sie wollte mit der Therapie aufhören. Trotz ihres Wunsches nach Heilung wurde ihre Angst vor anderen Menschen in dieser Zeit zur Phobie. Friederike traute sich nicht mehr aus dem Haus. Sie schaffte sich selbst Klinikmauern, ohne die Infrastruktur einer Klinik. Hätte ihr nicht eine treue Freundin aus Kindertagen täglich ein gekochtes Essen vor die Wohnungstür gestellt, wäre nicht klar gewesen, wie sie überhaupt hätte bei Kräften bleiben sollen.

Irgendwie übersteht Friederike Steinfeld auch diese Phase der Isolation. Vier Jahre kauerte sie in ihrer Wohnung, bis sie es schaffte, den Kampf aufzunehmen. Ihrem Therapeuten gaukelte sie in einem erstaunlich kraftvollen Akt der Selbstbehauptung vor, es gehe ihr besser. Mit 48 Jahren schluckte sie »den letzten Krümel Psychopharmaka«. Alle Ärzte rieten ihr ab, ein Leben ohne Medikamente zu wagen. Aber ihr Wille zu gesunden war nun so groß, dass sie sogar eine Ausbildung zur Heilpraktikerin machte. Sie wollte nie mehr anderen in Fragen ihrer Gesundheit vertrauen müssen.

Erstaunlicherweise gewinnt sie ihren Kampf. »Ich habe eine Riesenleistung vollbracht«, sagt sie stolz. Sie probiert nun vieles aus, was ihr die Tabletten verwehrt haben, Yoga und andere Entspannungstechniken. Sie meditiert, was ihr nicht immer leichtfällt. Manchmal zerstört ein nagendes Schuldgefühl ihre Konzentration. Mit jedem Schritt der Genesung entfernt sie sich von der Großmutter, die sie liebt. »Ich kann meine Wurzeln nicht einfach kappen«, sagt sie und will doch nicht das Familienschicksal erleiden. In diesem nicht auflösbaren Widerspruch lebt sie. Manchmal überkommt sie noch der Schmerz über das Leiden ihrer Mutter.

Aber die Fotos, die sie zeigen, kann sie nun ertragen und anschauen. Die Angst ist nicht mehr da, so zu werden wie sie. Dafür ist eine Sehnsucht nach ihrem leiblichen Vater dazugekommen. Manchmal steigt auch Wut auf, darüber, dass er damals zurück in den Tod gefahren ist.

Friederike Steinfeld spricht den Gedanken nicht offen aus. Aber er ist da: Wäre alles anders gekommen, wenn ihre Familie heil geblieben wäre? Wenn ihre Mutter nicht Witwe geworden wäre? Wenn ihr Mann hätte zu ihr halten können, als andere sie misstrauisch beäugten? Oder wäre alles genauso gekommen, mit einem hilflos mit ins Unglück gerissenen Mann an Lydias Seite?

Die Furcht vor anderen Menschen ist Friederike Steinfeld geblieben. Und wie stets ist da auch ein gegenläufiges Gefühl, die Sehnsucht nach einem Lebensgefährten, der sie mit all ihren Schrullen akzeptiert und sich nicht gleich wieder zurückzieht, wenn sie von ihrem langen Weg zu sich erzählt. Doch »ein bisschen ein normales Leben« führt Friederike Steinfeld jetzt auch ohne Lebenspartner. Das ist sehr viel mehr, als sie lange zu hoffen gewagt hat. Sie hat ein paar Bekannte und »ganz wenige« Menschen, mit denen sie befreundet ist. Nicht jeder darf sie in ihrer Wohnung besuchen. Die ist ihr Rückzugsraum, war in den Jahren der Isolation der Ort, wo sie sich sicher fühlte. Gerne würde sie mal in den Urlaub fahren. Sie hat es versucht. Doch wenn sie auf dem Bahnhof steht, dreht sie schnell wieder um. In einen Zug steigen kann sie nicht – meist jedenfalls nicht. Sie weiß nicht, warum es einmal klappt, dann wieder mehrfach nicht. Zweimal gelang es ihr schon, zur Gedenkstätte Grafeneck zu fahren, dort wo auf der Schwäbischen Alb die württembergischen Opfer der Euthanasie ermordet wurden. Sie schlägt dort in den Listen den Namen ihrer Großmutter Marta Herzog nach.

Aber eigentlich will ihre Seele nicht reisen. Sie hält fest an Vertrautem, klammert sich fest an der mühsam erkämpften Normalität. Einer Freundin kann Friederike Steinfeld sogar gestehen, dass es Tage gibt, wenn sie eine schlechte Nacht hatte oder mit Kummer belastet ist, an denen sie nicht zu einem vereinbarten Treffpunkt kommen kann. »Dann komm ich eben zu dir«, ist deren unkomplizierte Antwort. Menschen wie diese Freundin tun Friederike Steinfeld gut. Spät, aber beharrlich schafft sie sich das Leben, das sie sich einst gewünscht hat. Sie hat die Aufnahmeprüfung für die Universität gemeistert und drei Semester Germanistik und Geschichte studiert. Um sich das leisten zu können, musste sie ihre kleine Rente durch Nebenjobs aufbessern. Ihren jungen Kommilitonen war sie ein Rätsel. Die konnten nicht verstehen, warum jemand in ihrem Alter »morgens nicht ausschläft und anschließend gemütlich in eine Ausstellung geht«. Friederike Steinfeld hätte ihnen viele Gründe nennen können. Sie hätte ihnen von dem unendlich wohltuenden Gefühl erzählen können, endlich frei zu sein und eine »unglaubliche Vitalität« in sich zu spüren. In ihrer Abi-Zeitung hat sie vor Jahren geschrieben: »Entweder studiere ich jetzt, oder ich stricke Socken, oder ich gehe ins Hospiz und mache Sterbebegleitung. Vielleicht lerne ich auch Klarinette spielen.« Ein Instrument spielt sie noch immer nicht. Studiert hat sie. Und ins Hospiz geht sie immer wieder.

Schuld

Wie Michael Haarer spürt, dass die Prinzipien seiner Großmutter Johanna auf ungute Weise in ihm weiterwirken. Sie war während der Nazizeit Autorin eines Standardwerks über Erziehung.

Nur noch einmal einen kleinen Schluck trinken, dann ist alles gut. Oder halt, jetzt noch einmal um die Ecke linsen, dann ist gut. Nein, eigentlich doch nicht, erst noch den Besuch begrüßen, dann ist Bettzeit. Diesmal aber wirklich, versprochen, hoch und heilig … So geht das nicht zum ersten Mal, es ist eine Endlosschleife. Der kleine Bub im Schlafanzug will immer noch ein Zipfelchen Aufmerksamkeit von seinem Vater ergattern. Er wendet alle möglichen Manöver an, um das Zubettgehen hinauszuzögern. Erst als er alles bekommen hat, was ihm einfällt, ist er zufrieden. Auf dem Arm seiner Mutter entschwindet er bei meinem Besuch Richtung Kinderzimmer.

Der Vater Michael Haarer gibt seinen Kindern Raum in seinem Leben, so viel Raum, wie ein berufstätiges Elternteil nur schaffen kann. Wenn er zu Hause ist, dann will er auch ganz da sein – und nicht nur körperlich anwesend sein in der Altbauwohnung mit den hohen Räumen und der gemütlichen roten Wohnküche, während er mit dem Kopf noch bei der Arbeit ist. Sein anderes Leben absorbiert ihn genug, wenn er außer Haus ist. Dann taucht er ein in die Welt des Theaters, die sehr vereinnahmend sein kann. Michael Haarer ist für die Technik verantwortlich. Die Arbeitstage sind lang, besonders wenn eine neue Produktion entsteht. Seine Frau, die zweijährige Tochter und der vierjährige Sohn müssen oft genug zurückstecken und den ganz normalen Wahnsinn einer jungen Familie allein bewältigen. Und doch ist es diesem Vater wichtig, dass es Barrieren gibt, über die seine Arbeit nicht klettern kann. Zuwendung, Fürsorge und Respekt sind in diesem Haushalt wichtige Eckpfeiler der Kindererziehung. Obwohl im Arbeitszimmer des vierzigjährigen Vaters ein Buch liegt, das ganz andere Regeln für die Kindererziehung aufstellt. Vielleicht auch gerade deshalb. Spielchen wie jenes um ein letztes Glas Wasser am Abend, um fünf Minuten mehr Fernsehen, um noch eine Runde mit dem Spielzeugauto um den Teppich sind darin streng verpönt. Der Ratgeber dekretiert: »Von vorneherein mache sich die ganze Familie zum Grundsatz, sich nie ohne Anlass mit dem Kinde abzugeben. Das tägliche Bad, das regelmäßige Stillen und Wickeln des Kindes bieten Gelegenheit genug, sich mit ihm zu befassen, ihm Zärtlichkeit und Liebe zu erweisen und mit ihm zu reden.«

Kinder, besagt das Büchlein knallhart, müssen kurzgehalten werden. Zu viel Nähe schadet nur. Zweckfrei miteinander verbrachte Zeit stört die Disziplin. Die ganze Anleitung klingt mehr nach Kinderstraflager als nach Geborgenheit. Michael Haarer besitzt das Buch nicht aus Freude an der Satire, und es fällt ihm auch nicht leicht, es als längst überholt abzuhaken und wegzustellen. Denn die Autorin heißt Johanna Haarer. Sie ist seine Großmutter. Was in diesem Buch anderen Menschen gepredigt wurde, das waren die Ideale, die Johanna Haarer an Michaels Eltern weitergegeben hatte und gegen die sie sich selbst immer versucht haben abzusetzen.

Schon das Erscheinungsjahr von Johanna Haarers Buch macht misstrauisch: 1935. Sein voller Titel lautet »Die deutsche Mutter und ihr erstes Kind«, und es war keineswegs

Johanna Haarer mit ihren Zwillingen.
Einer ist Michael Haarers Vater.

eines von vielen seltsamen, grotesken, bösartigen Büchern jener Jahre. Dieser Säuglingspflege- und Erziehungsratgeber war nicht nur einer der Bestseller während der NS-Zeit, sondern auch nach dem Ende der Diktatur. Er erschien in überarbeiteter Fassung und mit sacht anderem Titel. In der Nachkriegsedition wurde aus »Die deutsche Mutter« schlicht »Die Mutter«. Insgesamt verkaufte sich Johanna Haarers

Buch über 1,3 Millionen Mal. Es war das Grundlagenwerk der nationalsozialistischen Mütterschulen, seine Thesen wurden jungen, unerfahrenen Frauen als der Weisheit letzter Schluss eingetrichtert, und viele von ihnen versuchten in mehr oder weniger gutem Glauben, ihre Säuglinge und Kinder entsprechend zu behandeln. Dieses Buch erschien nicht nur einfach in der Zeit des Nationalsozialismus, es war Teil des Nationalsozialismus, gesättigt von der dazugehörigen Ideologie. Kinder sollten von Geburt an erfahren, dass ihr eigener Wille nichts zählt. Gehorsam, nicht liebende Zuneigung war oberste Maxime.

Bindungstheoretiker von heute können nur die Hände über dem Kopf zusammenschlagen, wenn sie hören, wozu Johanna Haarer riet: Kinder nach der Geburt zwar erst abzunabeln, sich dann aber zunächst der Mutter zu widmen, das Neugeborene schon jetzt abseitszulegen und nicht auf den Bauch der Mutter, es erst nach deren Versorgung zu wickeln und dann allein in einem Raum unterzubringen. Erst nach 24 Stunden sollte das Kind der Mutter zum ersten Mal zum Stillen gereicht werden. Alles in allem also nicht nur das Gegenteil dessen, was die moderne Forschung und der mütterliche Instinkt nahelegen. Kein Wort findet sich bei Haarer über das Urvertrauen, das erst einmal geschaffen werden muss und so wichtig ist für das, was einen im Leben stützen wird.

»Die deutsche Mutter und ihr erstes Kind« ist für Michael Haarer aber auch aus einem anderen Grund nicht nur irgendein Buch, auch nicht nur irgendein bedrückendes Zeugnis einer dunklen Epoche. Beim Blättern darin stößt er immer wieder auf die Säuglingsbilder seines Vaters. Das Buch wirkt auf ihn wie ein seltsamer Verschnitt aus historischer Schrift, privatem Fotoalbum und klinischer Beschreibung der Erzie-

Johanna Haarer beim Baden eines ihrer Kinder

hung, die seinem Vater und dessen Geschwistern zuteilwurde. Für ihn ist das von Satz zu Satz Erschreckende, dass seine Großmutter damals keine abstrakten Theorien verkündete, sondern aus eigener Anschauung schrieb. Sie hatte anfangs Erfahrung mit Zwillingen, schließlich mit fünf kleinen Kindern. Denen hat sie selbst angetan, was sie anderen predigte. Johanna Haarer hatte sich offenbar nicht verbiegen müssen, um eine der Stützen der nationalsozialistischen Erziehungsoffensive zu werden.

Ihrem Enkel Michael gelingt kein distanziert-wissenschaftlicher Blick auf das Werk der Großmutter. Dessen ist er sich auch bewusst. Aber er versucht, Klarheit zu schaffen, wo seine Familie gerne den Nebel des Vergessens ausgebreitet wüsste. Er will die Ausflüchte und Beschönigungen loswerden. Dieses Buch hatte einen verheerenden Einfluss auf die deutsche Seelenlandschaft. Es war die Regieanweisung für

Johanna Haarer mit einem ihrer Söhne beim Spaziergang

die Erziehung des Nachwuchses zu ideologisch manipulierbarem Menschenmaterial, in treuer Gefolgschaft zum Führer, bis in den Untergang.

Die Lektüre hat den Enkel noch Grusligeres entdecken lassen als »Die deutsche Mutter und ihr erstes Kind«. Johanna Haarer hat noch mehr veröffentlicht, Mütterbücher, wie sie selbst die Reihe nennt, zu der »Unsere lieben, kleinen Kinder« und »Unsere Schulkinder« gehören. In dem Werk »Mutter, erzähl von Adolf Hitler!« beschreibt sie die aus dem Osten kommenden Juden: als schmutzige, hässliche, schmierige, kriechend-freundliche und unersättlich gierige Kreaturen. Kein innerfamiliärer Versuch der Schönrednerei kann Michael Haarer den Schrecken über diese linientreue Menschenverachtung, über diesen Rassenhass nehmen.

Es ist nicht leicht, sich dieser Familiengeschichte zu stellen. Noch schwerer ist es, mit diesem mit deutscher Seelengeschichte schwergefüllten Rucksack selbst Vater zu sein und die eigenen Kinder durch die Welt zu führen. Denn Michael Haarer kann die Großmutter nicht einfach aus der Distanz betrachten und verurteilen. Er hat gemerkt, dass ihre Erziehungsideale noch immer auch in ihm wirksam sind. So etwas kann einem den Boden unter den Füßen wegziehen. »Ich kann mich nicht in andere hineinversetzen«, beschreibt er seinen manchmal bis zur Mitleidlosigkeit nüchternen Blick auf die eigenen Kinder. »Wenn mein Sohn hinfällt, dann ist mein erster Impuls nicht, ihn zu trösten. Ich frage mich stattdessen: Wie ist es dazu gekommen, was hat er falsch gemacht?« Er tut das, weil er das für richtig hält. Ihm ist klar, dass dem Kind damit wenig geholfen ist und dass er seine Frau wütend macht.

Seine Andersartigkeit fiel ihm bereits auf, als es ernst wurde mit der Beziehung zu seiner späteren Frau und er in Berührung kam mit dem Innenleben und den Binnengewohnheiten der Familie seiner Freundin. »Man kennt ja nur die eigene Familie«, sagt er noch immer mit dem Staunen von damals. Die Haarers waren für ihn keineswegs eine Gefrierschrankvariante von Familie gewesen. Im Gegenteil, sie stellten lange den Maßstab und Bezugspunkt für alles dar, was Familienleben ist und sein kann. »Weder ich noch meine Brüder würden sagen, wir hätten keine schöne Kindheit gehabt«, betont er. Zumal er als jüngster von drei Brüdern in der glücklichen Situation war, im Windschatten der Großen aufzuwachsen. Will heißen: »Ich konnte tun und lassen, was ich wollte.« Die Kämpfe mit den Eltern hatten die älteren Geschwister geführt. Es gab keine Züchtigungen, keine körperliche Gewalt. »Ich hatte lange Jahre keinen Grund, über unsere Erziehung nachzudenken, sie zu bewerten oder gar zu kritisieren. Und dann kommt man in eine andere Lebensphase, heiratet, wird Vater, wird Teil einer anderen Familie und denkt: Was ist denn hier los? Wie gehen die denn miteinander um?« Erst im Vergleich fällt auf, was man selbst nicht gehabt hat. Michael Haarer war verblüfft, »wie wahnsinnig rücksichtsvoll« die Verwandten seiner Frau miteinander umgingen, über ihr Interesse aneinander. »Das hat mich emotional sehr mitgenommen«, sagt er. Von nun an schmerzte das Defizit, das er an seiner alten Familie spürt.

Besonders offensichtlich wird die selbstverständliche familiäre Verbundenheit bei der Geburt des ersten Kindes. Die Familie seiner Frau schickt Glückwünsche, die Haarer wohl auf ewig überwältigt »wahre Briefladungen« nennt. Selbst entfernte Tanten, die länger schon kein Lebenszeichen mehr gegeben hatten, schreiben Glückwunschkarten und übermitteln ihre Freude. »Sogar die Nachbarn meiner Schwiegereltern haben noch Geschenke geschickt.« Seine eigene Familie dagegen reagiert verhalten, wie er höflich formuliert. Nicht einmal an Karten kann er sich erinnern. Nur ein Verwandter, den sie intern immer nur »den Vetter aus Dingsda« nennen, kommt kurz nach der Geburt ohne umständliche Voranmeldung einfach vorbei. Im Gepäck hat er einen frischen, warmen, schwäbischen Apfelkuchen. »Das fand ich spitze«, sagt Michael Haarer. Der Rest war Schweigen.

Darüber kann man sich lange grämen. Michael Haarer aber hat es zum Anlass genommen, die eigene Person gründlich zu durchleuchten. Beendet ist dieses In-Augenschein-Nehmen bis heute noch nicht. Besonders im Vorfeld seines vierzigsten Geburtstags fragte er sich, was geschehen ist, das ihn im Vergleich zu anderen so anders fühlen und reagieren lässt. Lässt es sich noch mit dem Allgemeinplatz erklären, dass die Menschen eben verschieden sind? Liegt es vor allem daran, dass seine Eltern in ihrer Kindheit noch den Krieg erlebt und damals gelernt haben, ihre Gefühle so gut wie möglich zu verbergen? Michael Haarer fürchtet, dass in seinem Fall mehr mitwirkt als das, was auf eine ganze Generation zutrifft. Schließlich hat man in seiner Familie nationalsozialistische Mustererziehung aus erster Hand erlebt.

Zu seinen prägenden Kindheitserinnerungen gehören die Besuche bei Johanna Haarer in München, der Großmutter väterlicherseits. Die Dame, die zeitlebens eine Haushälterin hat, bewohnt bis zu ihrem Tod jenes Haus, das sie sich noch vor Kriegsende von den Tantiemen ihrer Bücher hatte leisten können. Ein kräftigeres Symbol für das Weiterwirken ihrer Erziehungsratschläge in der Bundesrepublik lässt sich kaum denken. »Ein richtig großer Kasten war das, ein um die Jahrhundertwende gebautes Einfamilienhaus, hochherrschaftlich mit riesigen Zimmern und hohen Decken«, beschreibt Michael Haarer das Haus der Großmutter aus jener Kinderperspektive, die er und seine Brüder damals einnahmen – eine Perspektive, aus der Johanna Haarers Heim regelrecht einschüchternd wirkte.

Nicht alle Erinnerungen allerdings sind bedrückend. Das Haus besaß einen altmodischen Speiseaufzug von der Küche im Keller hinauf in die Wohnetagen. Für Michael und seine Brüder war der bei den Besuchen zwar tabu. Aber immerhin gab es Geschichten darüber, wie Johanna Haarers Mann Michaels Vater und die anderen Kinder in diesem Speiseaufzug die Stockwerke hinauf- und hinuntergezogen habe. Der Gedanke hat etwas Erleichterndes und Paradoxes, dass es an der Seite der strengen, kühlen Johanna einen Mann gegeben hat, der mit Kindern genau jene unsinnigen und albernen Dinge tat, die sie so lieben.

Bis 1988 residierte die Großmutter in dem Haus mit den

großen Flügeltüren. Besuche ohne Voranmeldung waren undenkbar, Förmlichkeit ging über alles. Michael Haarer hat Johanna als stets penibel gutgekleidet in Erinnerung, das Haar im Genick zu einem festen Knoten akkurat verschlungen. Groß und stattlich sei sie gewesen, auf gebieterische Weise, eben das, was der Enkel eine Dame nennen würde. Aber Erinnerungen sind selten eindeutig. Michael Haarer spürt beim Zurückdenken sofort die Kälte, die das Haus nicht nur wegen seiner Bausubstanz ausstrahlte. Gleichzeitig sieht er die Großmutter immer wieder auch lachend vor sich. Zwei Extreme, die nicht so recht zusammenpassen wollen.

Das Großelternhaus mütterlicherseits hat er hingegen ganz anders in Erinnerung, kuschelig und warm. Auch das stand in München, und stets übernachteten sie dort, wenn sie von außerhalb anreisten, auch wenn sie eigentlich Johanna Haarer besuchen wollten. Oma und Opa nannte Michael die Eltern der Mutter. Johanna Haarer dagegen hieß Großmutter. Diese Terminologie aus Kindheitstagen verrät viel über Nähe und Distanz. Dabei hat der jüngste Enkel durchaus Erinnerungen an turbulente Familienfeste bei der Großmutter, bei denen das Haus voll war. Bei solchen Anlässen konnte es schon mal vorkommen, dass Papierflieger durchs Wohnzimmer schwebten und einer der Kleinen auf den Tisch kletterte. Solcher Trubel, meint er sich zu erinnern, wurde von der alten Dame vom Kaffeetisch aus »eher amüsiert zur Kenntnis« genommen. Distanz und Ironie aber sind das, was Kinder extrem verunsichert.

Eine andere Erinnerung zeichnet ein Bild der Großmutter, das kein Theaterregisseur besser auf die Bühne bringen könnte. Die Frau, die psychische Kälte als geeignetes Raumklima fürs Kinderzimmer predigte, war eine begeisterte Strickerin. »Ich habe jetzt noch Socken von ihr«, sagt Michael Haarer. Die alte Dame deckte sämtliche Verwandten unablässig mit Selbstgestricktem ein, als würde sie befürchten, es könnte dauerhaft zu kalt werden im Leben jener, die mit ihr in Kontakt kamen. Doch die Ironie dieser Geschichte reicht noch tiefer. Ursprünglich nämlich, so ist es ihren persönlichen Aufzeichnungen zu entnehmen, hatte Johanna Haarer bei einem Verlag nur vorgesprochen, um ein Buch mit Strickanleitungen für die Bekleidung der ganzen Familie vorzuschlagen. Der Verlag war dann auf die Idee gekommen, die junge Lungenärztin und Mutter stattdessen ein Buch über Säuglingspflege und Kindererziehung schreiben zu lassen. Die Vorzeichen für einen Publikumserfolg standen gut: Der Doktortitel – auch wenn sie keine Kinderärztin war – verlieh Johanna Haarer beim Publikum Glaubwürdigkeit und Autorität, genau wie der Umstand, dass sie selbst bereits Kinder hatte.

Johanna Haarer dürfte die Gunst der Stunde gespürt haben. Sie war ehrgeizig, hatte wie nur wenige Frauen damals Medizin studiert, sogar den berühmten Ferdinand Sauerbruch gehört. Aus dieser Zeit stammen viele Erfahrungen mit einer Gesellschaft, die Frauen nicht vorankommen, ja nicht vom Herd weglassen will. In die Arbeitswelt holen die Nazis die Frauen erst, als sie die Männer an der Front brauchen. Johanna Haarer hat die Geringschätzung vieler Professoren über sich ergehen lassen müssen, sie hat erlebt, wie Lehrende sich weigerten, Vorlesungen zu halten, solange sich weibliche Zuhörer im Hörsaal befanden. Die Tochter eines böhmischen Kaufmanns, die sich ihr Studium also hart erkämpft hat, spürte, dass das angebotene Buch eine große Chance war, sich Respekt zu verschaffen, als Frau eine Schlüsselstelle einzunehmen, jenen Koryphäenplatz zu besetzen, den sonst früher oder später ein Mann einnehmen würde. Die damalige Gesellschaft hätte es schließlich kein bisschen seltsam gefunden, wenn ein männlicher Autor sich als normensetzende Autorität in Sachen Mutterpflichten geriert hätte.

Das alles sind Umstände und Beweggründe, die ihr Enkel gut nachvollziehen kann. Johanna Haarer, so seine Deutung der Historie, wollte endlich durchstarten. Und so nimmt sie das Verlagsangebot an. Ihr Kalkül geht auch auf. Sogar im »Völkischen Beobachter«, dem zentralen NS-Blatt, schreibt sie Artikel über Säuglingspflege und Kindererziehung. »Sie hat ihre Chance ergriffen, leider in einer ungünstigen Konstellation«, urteilt Michael Haarer. Als Enkel will er nichts verschweigen, aber doch gerne ein bisschen milder im Urteil sein als die übrige Nachwelt. Er will die Lebensgeschichte seiner Großmutter nicht von ihren dunkelsten Punkten her erklären. Er will sie verstehen. Ganz gelingt ihm das nicht. Denn die Nähe zum Gedankengut des Nationalsozialismus macht Johanna Haarers Geschichte zu einer von Schuld und Verblendung. Und sie selbst vielleicht zu einer der nachhaltigsten Denkerinnen des NS-Staates; denn ihre Botschaften wirkten besonders lange nach – hie und da bis heute.

Michael Haarer kann nicht sagen, wann er erstmals wahrgenommen hat, wie tief die Geschichte seiner Familie mit der deutschen verwoben ist. Sein Nachname ist nicht gerade erlesen selten. Er ist aber auch nicht von so klarem Signalwert, wie das bei Goebbels, Himmler oder Göring der Fall ist. »Aber es reicht«, sagt er und winkt abwehrend ab.

Michael Haarer kann sich an eine Begebenheit erinnern, die wohl zu einem Besuch in München gehört haben muss. Er und seine Brüder wissen damals aus dem, was man Familienüberlieferung nennt, was aber vielleicht besser Familienraunen heißen sollte, dass die so korrekt wirkende Großmut-

Eine Schlittenpartie: Johanna Haarer mit einem ihrer Kinder

ter einmal im Gefängnis war. Für die Jungs klingt das nach Abenteuer. Und so wagen sie denn einen Vorstoß: »Großmutter, erzähl doch mal, wie du im Gefängnis warst!« Die folgende Entrüstung über diese vermeintliche Entgleisung und Provokation war so heftig, dass sie Michael Haarer all die Jahre in Erinnerung geblieben ist. Keiner hat danach je wieder zu fragen gewagt nach dem, was die Bestseller-Autorin als Tiefpunkt ihres Lebens begriffen haben dürfte. Ihr Lebensentwurf schien damals komplett gescheitert. Wofür sie in Nazideutschland gefeiert worden war, schien mit einem Mal verpönt, ja kriminell. Das Familienraunen weiß zu berichten, dass Johanna Haarer 1945 von amerikanischen Soldaten abgeholt wurde, und es benennt mit dem Wort »Gefängnis« das Internierungslager, in dem die Großmutter ein Jahr zubringen musste. Es reicht über die Generationen weiter, dass ihre guten Englischkenntnisse die Großmutter vor Schlimmerem bewahrt hätten. Aber was Johanna Haarer wirklich gedacht hat über diesen Umsturz der Werte und Systeme, wie viel Triumph sie empfunden haben mag, als sie bemerkte, dass ihr Werk doch bald wieder mit kleinen Änderungen gesellschaftsfähig sein würde, dazu weiß das Familienraunen nichts zu berichten.

Es gibt aber auch noch andere Bilder der wütenden Großmutter im Gedächtnis von Michael Haarer. Einmal hat einer seiner älteren Brüder am sogenannten Giftschrank der Großmutter hantiert und versucht, das Schloss aufzubekommen, das ihre Bücher schützte. »Da kam es zu einem panischen Anfall«, sagt Michael, der die Aktion neugierig verfolgt hatte. Der Bücherschrank selbst interessierte ihn damals nicht, er registrierte nur, wie kalt und verbissen die Großmutter nach dem Vorfall wirkte. Die Vergangenheit sollte also offenbar fest unter Verschluss bleiben, alle Versuche, sie ans Tageslicht zu holen, waren unerwünscht.

Nach dem Tod des Familienoberhaupts im Jahr 1988 warfen ihre Kinder dann fast alles weg, was sie an schriftlichen Aufzeichnungen vorfanden, als sollte Johanna Haarers Tun aus der Welt geschafft werden. So jedenfalls kommt es Michael Haarer im Rückblick vor. Bis auf die Lebenserinnerungen der Großmutter gibt es nichts, was ihm bei seiner Suche in der Vergangenheit helfen könnte. Der Giftschrank ist verschwunden, er findet sich nicht bei den aufgeteilten Antiquitäten, die ohnehin für einen heftigen Streit gesorgt hatten. Michael erinnert sich in diesem Zusammenhang an einen fürchterlichen Streit mit seinem Vater. Der Junge hatte sich, als Johanna Haarers Haus aufgelöst wurde, für einen Biedermeiersekretär interessiert, auf den niemand anders Ansprüche angemeldet hatte. Michael war damals 16 Jahre alt und wohnte noch zu Hause. Der Vater erlaubte ihm nicht, das Möbelstück zu behalten. »Er hat eine extreme Abneigung gegen Antiquitäten«, erklärt sein Sohn. Denn nach dem Tod von Johannas Mann Otto war Michaels Vater für Pflege und Erhalt der alten Möbel verantwortlich gewesen. Der älteste und einzige Sohn hatte unter der tadelnden Aufsicht der Mutter eine Rolle ausfüllen müssen, die ihm danach auf ewig zuwider sein würde – die des Hüters der Schränke und Kommoden. Auch das sagt viel über die sich letztlich ins Gegenteil verkehrenden Erziehungsmethoden Johanna Haarers.

Michael blieb damals nichts anderes übrig, als vor dem entschiedenen Widerstand seines Vaters zu kapitulieren. Immerhin rettete er das Ehebett seiner Großeltern, indem er es bei einem Freund unterstellte. Dort jedoch wurde es später versehentlich mit dem Sperrmüll entsorgt, ein seltsam stimmiger Verweis des Schicksals auf die Haarerschen Familienwünsche nach Vergangenheitsbereinigung. Michael Haarer versteht bis heute nicht, wie das passieren konnte: »Als ob man nicht ein Biedermeierbett von einem einfachen Ikeabett unterscheiden könnte«, schimpft er. »Aber vielleicht«, sagt er gleich im Anschluss, »ist es gut, dass ich nie in diesem Bett geschlafen habe.«

Bleibt also kaum mehr als die bereits erwähnten Lebenserinnerungen Johanna Haarers. Aber die enthalten keine Rechenschaft über ihr Tun im Dritten Reich, und sie schildern auch nicht, wie Johanna Haarer nach dem Krieg zunächst vergeblich versucht hat, »Die deutsche Mutter und ihr erstes Kind« zu überarbeiten. Die kurz vor ihrem Tod begonnenen Aufzeichnungen brechen im Jahr 1933 ab. Und Michael Haarer muss zur Kenntnis nehmen, dass er der Einzige ist – auch im erweiterten Kreis der Cousins und Cousinen –, der das als schmerzliche Lücke empfindet. Als er merkt, dass ihn diese

Figur nicht loslässt, dass offene Fragen und ungeklärte Einflüsse in ihm gären, versucht er es schließlich mit einer Familienaufstellung. Er weiß, dass diese Methode psychologischer Erkundung nicht unumstritten ist. Lange sucht er daher nach einem Therapeuten, den er vertrauenswürdig findet. Als er den Schritt wagt, erfährt er, was ihn nicht überraschen kann, was er selbst in Gedanken schon wie einen Fisch unter Wasser als Schatten gesehen hat: Er hat die Schuld seiner Großmutter übernommen. Das beschwert sein Leben.

Die nun offen ausgesprochene Erkenntnis führt »zu einer Befreiung, weil mir klarwurde, dass ich etwas mit mir herumtrage, was gar nicht zu mir gehört. Was bei mir völlig falsch am Platz ist.« Unklare Verhältnisse bringen ungeklärte Gefühls- und Schuldlagen hervor. Darum will Michael Haarer nun herausfinden, was sich noch herausfinden lässt. Er fährt nach München ins Archiv, um dort die Spruchkammerakte seiner Großmutter zu studieren. Er liest, schreibt ab und erlebt Stunden höchster Konzentration. Ohne auch nur einen Hauch von Müdigkeit zu verspüren, arbeitet er sich durch die Originaldokumente. Er ist völlig gebannt von der Erfahrung, sich Elementen der Geschichte zu nähern, die noch keinen familiären Zensurfilter durchlaufen haben. Die Schriftstücke bestätigen, dass sein Großvater Otto Haarer Selbstmord begangen hat. Darüber wurde nicht gesprochen, wohl schon deshalb nicht, weil es die Frage nach sich gezogen hätte, ob dieser Suizid etwas mit Wesen und Wirken Johanna Haarers zu tun hatte. Dabei könnte man aus den Umständen das genaue Gegenteil schließen.

Johanna Haarers Mann hat sich in jener Zeit umgebracht, in der sie im Internierungslager saß. Offenbar konnte er den Verlust seiner Frau nicht verwinden. Die Haarers hatten eine für die Zeit untypische gleichberechtigte Ehe geführt. Sie waren Doppelverdiener: Johanna Haarer erschrieb sich ihr Geld als Autorin, Otto Haarer zog als Lungenarzt in der Tuberkulosebekämpfung übers Land. Das bewahrte ihn vor dem Kriegseinsatz. Nun stand der Mann, mit seinen fünf Kindern hilflos vor den Trümmern seines Lebens. Er war Johannas zweiter Ehemann. Der erste hatte sie nach Strich und Faden betrogen, es war schließlich zur Scheidung gekommen. Vieles deutet darauf hin, dass dieser zweite Mann die Liebe ihres Lebens war. Aber der musische, stille und immer wieder von Depressionen geplagte Großvater von Michael Haarer bricht unter der Last der alleinigen Verantwortung zusammen. Die Ehepartner haben sich nach der Verhaftung kein einziges Mal sehen können. Otto Haarer kannte den Aufenthaltsort seiner Frau nicht, wenn man dem Familienraunen glauben darf. Ohne die vertraute Stütze, so scheint es, kann er, geschwächt von seinem seelischen Leiden, nicht weiterleben.

Die Schuld seiner Großmutter wird durch diese Erkenntnisse für Michael Haarer nicht kleiner. Aber sein eigener Standort wird ihm wesentlich klarer. »Das ist nicht meine Geschichte. Das ist die Geschichte meiner Großmutter.« In den Archivakten wird Schuld schwarz auf weiß benannt und abgestuft, aber höhere Weisheiten darf man von solchen Akten nicht erwarten, auch keine tieferen Wahrheiten. Johanna Haarer wird im Rahmen ihres Entnazifizierungsverfahrens nur als Mitläuferin eingestuft. Die Akten beinhalten die Aussagen vieler Familien, die als Fürsprecher der Lungenärztin auftreten und ihr beste Zeugnisse ausstellen. Als Ärztin allerdings, so das Urteil, darf sie nie mehr praktizieren. In ein ganz anderes Fach muss sie trotzdem nicht wechseln. Sie arbeitet bis zu ihrer Pensionierung beim Gesundheitsamt. Für die stolze, karrierebewusste Frau dürfte das allerdings eine täglich bitter schmeckende Demütigung gewesen sein. Beruflich zurechtgestutzt, muss sie zudem als Alleinerziehende fünf Kinder durchbringen und deren Ausbildung finanzieren. Das wird sie nicht zur kritischen Selbstbefragung ermuntert, sondern eine alte Gewissheit bestärkt haben: dass sie eine praxiserprobte Expertin in Sachen Kindererziehung war.

»Ich glaube nicht, dass man sich von einer Großmutter verabschieden kann«, sagt Michael Haarer heute. »Aber ich habe auch gelernt, dass es keinen Sinn für mich macht, meine Großmutter anzuklagen.« Er bemüht sich nun, Johanna Haarer »als eine sehr interessante zeitgeschichtliche Persönlichkeit« zu sehen und als Phänomen ihrer Zeit. Begreifen in ihren inneren Gefühlen, erhaschen in ihren stillen Zweifeln lässt sie sich nicht mehr. Zu viel ist verlorengegangen, verschwiegen, versteckt und entsorgt worden. Wenigstens die Schuldgefühle ist Michael Haarer am Ende doch noch losgeworden. Er hat der Großmutter die Schuld, die er so lange auf sich genommen hatte, in einem einfachen symbolischen Akt zurückgegeben. Er ist an ihr Grab gegangen und hat dort ein paar Steine abgelegt. Diese Last gehört nicht zu ihm. Sie ist besser bei Johanna Haarer aufgehoben.

Hilflosigkeit

Wie Kerstin Albert ihre Kindheit als Kampfzone zwischen Mutter und Vater erlebte, die selbst darüber stritten, wer als Kind im Krieg mehr zu leiden hatte.

Kerstin Albert wohnt in einem Reihenhäuschen am Rande der Stadt. Man braucht eine Weile, um von hier zum Bahnhof zu kommen. Von ihrer Haustür bis zu ihrer Arbeitsstätte ist Albert fast zwei Stunden mit Bus und Bahn unterwegs – einfach. Vier Stunden täglicher Anfahrtsweg zur Arbeit sind eine ungemeine Belastung, die andere so schnell wie möglich abstellen würden. Und doch nimmt die 45-Jährige diese Strapaze geduldig auf sich. Sie zieht nicht um, sie wechselt nicht den Arbeitgeber. Sie sieht die ganze Prozedur als lohnenden Preis für ein Zuhause, das diesen Namen auch verdient und das sie durch keine Veränderung aufs Spiel setzen will. Dieses Maß an Selbstausbeutung lässt bereits ahnen, wie wenig heimelig Kerstin Albert frühere Wohn- und Lebenssituationen empfunden haben muss.

»Da wird immer eine Düsternis bleiben in meinem Leben, die ist einfach da«, gibt sie offen zu. Man muss die Traumatisierung also nicht als bloße Vermutung auf einem Zettel der Möglichkeiten notieren. Aber sie habe, beteuert sie, diese Düsternis im Griff, habe viele Therapien hinter sich gebracht und brauche nur manchmal auch ein paar Tabletten, um den dunklen Stimmungen Lebenskraft entgegensetzen zu können. Es ist der seelische Ballast ihrer Eltern, der noch immer ins Leben der erwachsenen Tochter drückt. Und der so früh zu drücken begonnen hat, dass ihr eine gewisse Grundtraurigkeit zum Persönlichkeitsmerkmal wurde.

Sie holt ein Wollplaid aus dem Wohnzimmer. Auf der Terrasse ist es jetzt, in den ersten Sonnentagen, noch kühl. Der von Kerstin Albert empfundenen Behaglichkeit tut eine vom Thermometer erfassbare Kälte jedoch keinen Abbruch. Gegen die weiß sie sich zu schützen, mit heißem Kaffee und einer Wolldecke zum Einwickeln. Für dieses Lebensgefühl ist sie eigens weggezogen aus der Stadt, in der sie arbeitet. »Ich bin jetzt bei einem Menschen, der mir richtig guttut«, gibt sie ihre wichtigste Umschreibung für Geborgenheit preis. Sie spürt Liebe, die weder Konventionen noch Lippenbekenntnis gefolgt ist. Der Mann an Kerstin Alberts Seite leidet unter einer Katzenallergie. Ein Los, das er mit vielen Menschen teilt. Doch die wenigsten von ihnen würden mit einer Katzenliebhaberin samt deren Tieren zusammenziehen. Er hat es getan. Neben vielem anderen. Man kann auch unter dunklen Gewitterwolken spüren, wie gut Kerstin das Leben hier tut.

Die Distanz, für die sie so große Opfer bringt, gilt nicht allein der Arbeitsstelle. Der Wohnort schafft auch räumlichen Abstand zur Mutter und macht der Tochter das Atmen leichter. »Es tut mir besser, meine Mutter nicht zu sehen«, befindet Kerstin Albert barsch. Der bittere, angestrengte Unterton in ihrer Stimme signalisiert, dass sie sich zu dieser Haltung mühsam durchgerungen hat. Die Emanzipation von Ansprüchen und emotionalen Forderungen der Mutter fällt ihr noch immer schwer. Manchmal schnurrt daher die mühsam geschaffene Distanz auf wenige Zentimeter zusammen. Kerstin Albert verliert dann jede Fähigkeit zur Reflexion, fühlt sich eingespannt wie in einen Schraubstock. Kein Vor und kein Zurück scheint ihr dann mehr möglich, keine Befreiung aus der Familienfalle.

Kerstin und Veronika Albert, das sind zwei, die miteinander nicht können. Eine Mutter-Tochter-Beziehung, wie es viele gibt, könnte man achselzuckend sagen. Aber mit lapidarer Schnodderigkeit wäre dieser Fall nicht beschrieben. Die beiden Frauen leiden unter dem sich seit Ewigkeiten hinziehenden Ablösungskonflikt. Für einige Jahre waren sie aufeinander zurückgeworfen, nachdem sich Veronika Albert von ihrem Mann getrennt hatte. Aus dieser Schicksalsgemeinschaft, die nur wenige Jahre währte, haben beide bis zum heutigen Tag nicht den richtigen Ausstieg gefunden. Allerdings ist Kerstin nicht einfach aus einer vertrauensvollen Tochterposition noch näher an die Mutter herangerückt, aus einer Verteidigungsstellung gegen den vermeintlich bösen Vater heraus. Die Beziehung zu ihrer Mutter hatte die ganze Zeit über einen Knacks, ein Element des Misstrauens und der unverwundenen Verletzung überlagerte andere Emotionen.

Der Knacks stammt aus einer Zeit, als die Ehe nach außen hin noch intakt war, aber ein Umzug in die Landeshauptstadt anstand. Weder Mutter noch Vater haben die elfjährige Kerstin damals gefragt, ob sie sich vorstellen könne, aus der gewohnten Umgebung fortzugehen. Aus Sicht der Eltern wohl aus gutem Grund: Wer Kerstin kannte, wusste, dass sie den Umzug entschieden ablehnen würde. Und so wurde die Tochter lediglich mit einer längst gefällten und nun unumstößlichen Entscheidung konfrontiert.

Die Kleinfamilie zog aus einem Dorf, wo das Kind vom eigenen Garten aus zum Baden an den Bach laufen konnte, mitten in die große Stadt, direkt an eine Hauptverkehrsstraße, in ein Mehrfamilienhaus ohne Garten. Die Lkws dröhnten so mauerndurchdringend, dass man ständig das Fernsehgerät lauter stellen musste, um noch etwas zu verstehen. Kerstin wurde aus einem in ihrer Erinnerung hellen und freundlichen

Schulgebäude gerissen und in ein altes, muffig riechendes, dunkles Gymnasium gesteckt, das nah an der neuen Arbeitsstelle ihres Vaters lag. Sie empfand das alles als Sturz aus dem Paradies in die Hölle. Sie opponierte, wo sie nur konnte. Strich ihr Zimmer schwarz und fühlte sich der Punkszene zugehörig. »Wenn ich mich recht erinnere, bin ich auch oft weggelaufen«, sagt sie. Als rede sie von einem anderen Leben, das nicht ihr eigenes ist. Als solle diese Vergangenheit nicht zu präsent werden in der Erinnerung, sie nicht mehr einholen.

Was Kerstin damals in ihrer Wut und Enttäuschung nicht in seiner ganzen Bedeutung erfasst: Ihre Eltern sind kein bisschen glücklicher als sie selbst. Aber der Lasterlärm und die Freiheitseinschränkungen durch das Asphaltleben sind nicht der Grund ihres Genervtseins. Diese beiden Menschen sind füreinander eine Belastung. Ihre Lebensgemeinschaft ist ein Irrtum. Kerstins Mutter Verena wollte als junge Frau ein Leben als Mündel so schnell wie möglich hinter sich lassen und wieder Geborgenheit finden, eine Grundgewissheit, die ihr abhandengekommen war. Viel zu früh hat Verena sich darum in die Ehe mit einem sieben Jahre älteren Mann gestürzt. In dem einfühlsamen und zugleich aufstrebenden Musiker Walter Albert schien sie einen zum Beschützer Taugenden gefunden zu haben, der Geborgenheit garantieren und doch Perspektiven, Entwicklungen, Leidenschaften verheißen konnte. Doch mit dem Musiker, der zur Zeit des Kennenlernens noch in einem Kurorchester spielte, scheint der Ehemann nichts mehr gemein zu haben, der nun jeden Morgen zu einem ungeliebten Bürojob als Krankenkassenangestellter außer Haus geht.

Walter kommt aus einfachen Verhältnissen auf dem Land. Veronika Albert hat einen wichtigen Teil ihrer Kindheit bei Onkel und Tante verbracht, die sich der sogenannten besseren Gesellschaft zurechnen. In Walters Familienumfeld wird bald klar, dass die beiden nicht zusammenpassen. Und Walter beginnt, seinen Frust über die nicht zu erfüllenden Erwartungen – oder über seine Unfähigkeit, diesen zu entsprechen – in Alkohol zu ertränken. Es dauert nicht lange, und es kommt regelmäßig zu wüsten Szenen. Recht ist und wahr ist, was den anderen verletzen kann. Wenn Veronika und Walter einander gar nichts mehr zu sagen haben, konkurrieren sie um die größere Traumatisierung. Sie werfen einander dann vor, der andere habe die wahren Grausamkeiten des Krieges gar nicht erlebt. Nur man selbst könne bei diesem Thema ernsthaft mitreden. »Für meine Mutter galt als Krieg nur das, was sie in Berlin erlebt hat«, erinnert sich Kerstin an den dauernden Schlagabtausch zwischen ihren Eltern. Der Zwist um den Opferstatus erscheint umso absurder, als gerade der Streit selbst zeigt, wie tief der Krieg, der nun auch im Frieden in der Ehe weitergeht, beide Partner geprägt hat. Veronika hat ihn in Berlin und danach in Pommern erlebt. Walter hingegen kann nichts von Bombennächten in Kellern berichten. Er kennt auch die Angst nicht, die Veronika im nur kurze Zeit sicher scheinenden Pommern eingeimpft wurde und die sich in der Frage »Und wenn der Russe bis hierher kommt?« verdichtete. Aber sein Vater ist aus der Vertrautheit des kleinen Landlebens plötzlich verschwunden, in Uniform Richtung Russland. Er hat das, beteuert er später im Streit, nie als normale Abwesenheit mit Garantie auf eine Rückkehr empfunden, sondern sei von Sorge und Sehnsucht zerfressen worden.

Kindliches Leid kann niemand quantifizieren und gegeneinander abwägen. Aber Kerstin, selbst noch ein Kind, soll nun genau das tun. Ihre Eltern erwarten, dass sie Partei ergreift im häuslichen Stellungskrieg. Kerstin steckt sowieso mittendrin, egal, ob sie sich für eine Seite entscheidet oder nicht. Für sie gibt es keinen Schutzraum mit dicken Mauern, der die verbalen und emotionalen Ausfälle der Erwachsenen fernhalten würde. Das Kind wird abwechselnd zur Geisel des einen Ehepartners im Ringen gegen den anderen. Später, als die Kriegführenden voreinander kapitulieren und sich trennen, wird die nun 16-jährige Tochter zur Konkursmasse. Mit 17 zieht sie bei ihrer Mutter aus. Der Vater ist da schon fast vollständig aus ihrem Leben verschwunden.

Das ist keine Entwicklung, die abrupt mit der Scheidung einsetzt. Schon lange zuvor hatte der Vater sich ihr und dem Familienleben nach und nach entzogen. Walter Albert hatte sich in ein Zimmer zurückgezogen, dessen Tür er immer geschlossen hielt. Er verbarrikadierte sich in seiner eigenen Zelle gegen das, was einmal sein Zuhause hätte sein sollen. Bei der Arbeit funktionierte er noch, sein restliches Leben jedoch entglitt ihm. Zunehmend orientierungslos fehlte ihm auch das Gespür für seine Tochter. »Zu meinem 15. Geburtstag hat er mir ein Buch geschenkt, das war für Zehnjährige«, erinnert sich Kerstin. Einmal, erzählt sie weiter, fand die Nachbarin Walter Albert volltrunken im Gebüsch. Die täglich größer werdende Lücke, die der Vater nun schaffte, füllte die Mutter mit schlimmen Geschichten über ihn. Die Tochter bemüht sich, diese Hasstiraden nicht an sich herankommen zu lassen. Sie träumt von mehr Sachlichkeit in den Darstellungen jenes Mannes, den sie immer noch verstehen möchte. Doch zu Sachlichkeit ist Veronika nicht mehr fähig. Sie sieht sich als Opfer, das all das widerfahrene Unrecht hinauszuschreien hat, um nicht übersehen zu werden, sie lebt die Rolle weiter, die sie als Kind im Krieg angenommen hat.

Manches geht im Verborgenen weiter, nachdem es dem Augenschein nach aufgehört hat. Der Kampf von Kerstins Eltern gehört dazu. Er setzt sich in der Tochter fort. Kerstin ist hin- und hergerissen zwischen dem Wunsch, die Gefechte zwischen Mutter und Vater begreifen zu können, und der Sehnsucht, das Kampffeld endlich verlassen zu dürfen. Ihre Mutter, das weiß sie, wird ihr den Weg hinaus nicht weisen können. Sie steckt selbst in inneren Gefechten fest. »Es wird zu keinem guten Schluss kommen«, sagt Kerstin resigniert nach vielen Jahren, in denen sich so gut wie nichts bewegt hat. Immer wieder rät sie ihrer Mutter, sich mit professioneller Hilfe einen Weg aus dem Krieg zu suchen. Aber die Mutter blockt ab, verharrt lieber. Diese Schicksalsergebenheit ist für die Tochter kaum auszuhalten. Kerstin Albert hat gelernt, wie wichtig zumindest der Versuch ist, mit einem quälenden Geschehen abzuschließen.

Aber es sind keinesfalls nur Unmut, Ungeduld und Hilflosigkeit, die Kerstin gegenüber ihrer Mutter empfindet. Sie kann auch ganz andere Sätze über sie sagen als den harten, es tue ihr gut, sie nicht zu sehen. Sie klingt dann mitleidsvoll und besorgt. Fast schon liebevoll. Als sie einmal einen Film im Fernsehen sah, der von Flucht und Vertreibung und dem Leben danach in den Flüchtlingsbaracken erzählte, war sie sehr aufgewühlt. »Mir hat es das Herz zerrissen. Ich konnte danach verstehen, warum es meiner Mutter so schlecht geht. Warum sie in dieser Rolle drinsteckt.« Die Sendung sei erschütternd gewesen, aber »sachlich erzählt«, wie sie betont. Sachlich, das sagt sie mehr als einmal, sollten auch die Erzählungen ihrer Mutter öfters sein. Die Opfergeschichte als Aneinanderreihung von Schmerz-Superlativen mag sie nicht mehr hören, die Beteuerung des Grauens, das in steter Wiederholung zum Stellplatz der Versatzstücke wird. Denn obwohl Veronika Albert ihrer Tochter immer wieder aus ihrer Kindheit erzählt, fehlt viel Konkretes, Reales, Anschauliches. Kerstin kann nicht einmal sagen, wo ihre Mutter in Pommern eigentlich gelebt hat. Deren Biographie ist ihr in weiten Teilen ein großes Fragezeichen geblieben, obwohl die Erzählungen der Mutter um fast nichts anderes kreisen. Kerstin Albert weiß nur, dass der Vier-Mädel-Haushalt damals von Berlin nach Pommern umgezogen ist, um sich vor den Bombardierungen der Reichshauptstadt in Sicherheit zu bringen. Wie lange sie dortgeblieben sind? Keine Ahnung. Kerstin Albert kann es nicht sagen. Dieses Nichtwissen macht sie wütend. Denn die Versatzstücke der mütterlichen Erzählungen passen weder nahtlos aneinander, noch lassen sie sich richtig sortieren. Nach Kriegsende sei die Familie erst einmal im Osten geblieben. Musste sie das? Oder konnte sie das aus freien Stücken entscheiden? In ihren emotionalen Erinnerungen spreche Veronika Albert »nicht so richtig gut von den Polen«, formuliert die Tochter vorsichtig. Aber auch über konkrete Übergriffe, Schikanen, Gemeinheiten werde nicht geredet. Die dramatischen Vorwürfe blieben im Angedeuteten und Ungefähren. Kann es sein, dass der Vater seine Töchter erst 1947 oder 1948 von Pommern wieder zurück nach Berlin brachte? Passt das Geburtsjahr der Mutter zu dem, was sie an historischem Geschehen in einem ganz bestimmten Alter mitgemacht haben will? Fügt es sich in die historischen Fakten, dass die 1941 Geborene im Alter von sechs oder sieben Jahren, 1947 oder 1948 also, von Pommern, das damals längst nicht mehr deutsch war, nach Berlin und dann ins Badische gebracht wurde?

Kerstin Albert ist sich über nichts mehr sicher. Sie liest historische Bücher, als könnte sie darin auch im Leben ihrer Eltern lesen. Aber die Bücher liefern die Details nicht, die sie gerne in Erfahrung bringen würde. Die eigene Familie taucht darin nicht auf. Dreh- und Angelpunkt des Familienschicksals in Veronikas Variante scheint der Tod von Kerstins Großmutter mütterlicherseits zu sein. Der Großvater wusste sich danach keinen anderen Rat, als seine Jüngste zu Verwandten ins Badische zu schicken. Alleine für vier Töchter verantwortlich zu sein, traute er sich möglicherweise nicht zu. Vielleicht hat er aber auch gefürchtet, seine Kinder kämen bei eigener Überforderung ins Heim. Diese Interpretation scheint jedenfalls durch die Familiengeschichte zu flackern, vorsichtiger gesagt, Kerstin meint, sie herausgelesen zu haben.

Für das kleine Mädchen Veronika ist diese Verpflanzung in den Süden Deutschlands, weg vom wohl vergötterten Vater, die völlige Entwurzelung. Sie erlebt, was sie später der eigenen Tochter zumutet. Die Mutter hat sie durch den frühen Tod verloren, den Vater, die drei Geschwister und die vertraute Umgebung durch den Umzug – diese mehrfache Verlusterfahrung müsste verständnisvoll abgefedert werden. Aber Veronika kommt in einen Haushalt, in dem offenbar niemand versteht oder Zeit hat, darauf einzugehen, dass hier ein todtrauriges Kind scheu vor allem steht. Dass es nicht zu schnell in eine neue Hausordnung gepresst werden darf, sondern erst einmal getröstet werden sollte. Der Onkel nimmt Veronika zwar an wie eine eigene Tochter. Die Tante jedoch ist streng. Obwohl die Familie zur »besseren« Gesellschaft gehört und immer Hausmädchen hat, muss auch die kleine Veronika im Haushalt mit anpacken. Das Mädchen hofft, ohne die Schwierigkeiten in Pommern nach Ende des Nazireichs recht zu verstehen, dass der Vater bald in den Westen kommen möge. Die große Enttäuschung wird nicht die, dass Polen oder Russen den Vater lange zurückhielten, sondern eine ganz andere, viel unerwartetere. Der Vater schafft es in den Westen. Aber er holt Veronika nicht zu sich. Seine jüngste Tochter bleibt bei Onkel und Tante. Der Vater heiratet wieder, stirbt aber bald darauf. Die älteren Schwestern bleiben im Osten Berlins, auch nach der Teilung Deutschlands. Der Tod der Mutter erweist sich tatsächlich im Rückblick als der Moment, in dem der Familienverbund für alle Zeiten auseinandergesprengt wird.

Dass der Kontakt zu den Schwestern fast ganz abbricht, liegt nicht allein an der innerdeutschen Grenze. Auch über sie hinweg kann man kommunizieren. Aber die drei Großen neiden der Jüngsten, dass sie im Westen lebt, statt mit ihnen im Osten Deutschlands festzusitzen. Als hätte da jemand mit Plan, Vorsatz und böser Weitsicht gehandelt, eine ungerechte Bevorzugung erfahren. Die Unwägbarkeiten und Zumutungen der Geschichte scheint man in dieser Familie sehr persönlich zu nehmen. Oder ist auch die Missgunst der Schwestern eine falsche Interpretation des sporadischen Kontakts? Kerstin Albert lebt mit Interpretationen der Fakten durch die verschiedenen Protagonisten, aber ohne Gewissheiten. Sie kann sich an gerade einmal drei Besuche erinnern, die sie mit ihren Eltern in Ostberlin gemacht hat. Nach der Trennung ihrer Eltern schläft der Kontakt für lange Zeit ein.

Man lebt nur ein Leben – und das aus nur einer Perspektive, der eigenen. Sie bestimmt jede Erzählung, die damit vom Zuhörer Vertrauen, Glauben und letztlich Parteilichkeit fordert. Scheidungskinder lernen das, wenn ihre Eltern ihnen schroff kontrastierende Varianten derselben Sachverhalte präsentieren, und sie reagieren auf den Drang zur Parteinahme oft verschreckt. Kerstin Albert mag sich im Rückblick weniger denn je für eine Seite im Familienkrieg entscheiden, weil sie das als Kind oft genug hat tun müssen. Sie will nicht weiter aufgerieben werden zwischen kollidierenden Lebensgeschichten. Sie will einfach und bedingungslos da sein dürfen, ohne das Risiko, jemanden zu verprellen. Sie will Geschehenes nicht mehr moralisch werten müssen, will keine

Ein-Frau-Ratingagentur für erlittenes Leid sein müssen. Sie möchte selbst leben und in die Zukunft schauen. Aber sie hat auch eine Ahnung, warum das ihrer Mutter nicht gelingt.

Wo die Sprengung ihrer Familie ausgelöst worden, wo die Großmutter gestorben ist, weiß Kerstin Albert noch immer nicht. Sie kennt keine Instanz außer ihrer Mutter, der sie Fragen stellen könnte. Und Veronika mag darüber noch immer nicht sprechen. Sie will den Ort nicht einmal auf der Landkarte zeigen, geschweige denn seinen Namen aussprechen. Einmal standen die beiden zufällig gemeinsam in einer Bibliothek, und Kerstin schlug vor, man könne doch mal durch einen Atlas blättern. Veronika lehnte schroff ab. Ihr scheint es wohl eine Verhöhnung ihres Leids, könnte man es mit einem bunt bedruckten Stück Papier verknüpfen. Sie will Ort und Geschehen, die verschütteten, dem Auge entzogenen Ruinen im Ungefähren lassen. Für Kerstin Albert sind so nur Mythen, keine Orte verfügbar. Und so weiß sie auch nicht, woran ihre Großmutter – sie selbst spricht stets von der »Mutter meiner Mutter« – überhaupt gestorben ist. Es war für sie einmal Gewissheit, auch wenn sie die Quelle dieser Überzeugung heute nicht mehr ausmachen kann, dass die Frau, die sie nie kennengelernt hat, an Typhus, an völliger Erschöpfung, letztlich also an den Kriegsfolgen gestorben ist. Doch auch diese Gewissheit ist geschwunden. Denn Veronika Albert hat spät den Kontakt zu ihren Schwestern wiederaufgenommen. Ab und zu telefonieren sie nun miteinander. Nach einem dieser Gespräche hat Veronika sich aufgeregt bei ihrer Tochter gemeldet, mit der Botschaft, sie kenne nun »die Wahrheit«. »Ich wusste schon immer, dass noch etwas anderes dahintersteckt«, brachen Verzweiflung und Schmerz aus ihr heraus. Was sie schon immer geahnt habe, die Schwester hätte es nun endlich ausgesprochen: Ihre Mutter, Kerstins Großmutter, sei vergewaltigt worden. Sie soll sich für eine ihrer Töchter, die damals zwölf Jahre alt gewesen war, geopfert haben. Weil sie schon von Entbehrungen und Strapazen geschwächt gewesen sei, habe sie diese Gewalttat nicht überlebt.

Veronika Albert bezahlt ihr neues Wissen mit Schlaflosigkeit. Es martert sie. Ist das nun die Familienwunde, die Ursache aller psychischen Verwerfungen bis in die nächste und übernächste Generation? Kerstin Albert versteht, dass ihre Mutter mehr wissen will über das, was ihre Kindheit bestimmt hat. Vieles könnte sie nur durch das Gespräch mit ihren Schwestern erfahren. Die sind älter, ihre Erinnerungen setzen ein entscheidendes Stück früher ein. Sie könnten die blinden Flecken in Veronika Alberts Leben vielleicht auffüllen. Aber Kerstins Mutter hat eben auch Angst vor dem, was sie erfahren könnte. Anstatt Konkretes zu recherchieren, redet sie sich lieber immer wieder in das trostlose Verlassenheitsgefühl ihrer Kindheit hinein und hofft auf – ja auf was eigentlich? Auf Trost von ihrer Tochter? »Ich fühle mich da überfordert«, bekennt Kerstin Albert. Ihr Verstand sagt ihr: Die Mutter will etwas, das sie in ihrer Kindheit vor über sechzig Jahren nicht bekommen hat. Mitempfinden, einen aufmerksamen Zuhörer, ein Gegenüber, das die Trostlosigkeit endlich in Worte fasst und sagt: »Mein Gott, was hast du durchgemacht!« Aber Kerstins Gefühle lassen nicht zu, dass sie in die Rolle schlüpft wie eine Schauspielerin, die selbst ihr Wesensfremdes überzeugend vorführt. »Ich empfinde in dieser Situation Hilflosigkeit«, sagt sie. »Ich kann ihr nicht helfen, ich bin nicht der richtige Ansprechpartner. Ich kann sie verstehen, wenn sie sagt, du bist mein Fleisch und Blut, ich möchte, dass du das weißt.« Aber Kerstin Albert weiß auch, dass mehr als dieses Wissen gefordert ist. Und dieses etwas mehr, diese Chorfunktion des Betrauerns einer Dulderin, kann sie nicht leisten. Sie erstarrt vor den Erzählungswiederholungen der Mutter. Deren endlose Erzählschlaufen führen nirgends wirklich hin. Die Bruchstücke der Familiengeschichte ergeben kein Ganzes. Zu viel Nichtwissen und Nicht-aussprechen-Wollen trennen die Elemente.

Und dann ist da noch etwas, was das Geschichtsverständnis von Mutter und Tochter radikal unterscheidet. Für Kerstin gehört auch die Sicht ihres Vaters zu einem Gesamtbild des Gewesenen. Für Veronika hat Walter Alberts Meinung nichts mehr in der Gegenwart zu suchen. Walter soll es nur noch als die Figur geben, die sie mit ihren Erzählungen, Deutungen, Vorwürfen charakterisiert.

Bei unserem Gespräch ist Kerstin Albert seit ein paar Tagen in großer Sorge um den Vater. Seit etwa zwei Jahren hat sie wieder Kontakt zu ihm. Sie hat zu akzeptieren gelernt, dass er noch immer trinkt. Sie kommt damit zurecht, dass man ihn besser nicht zu Hause besucht, in seinem Elternhaus, in das er nach der Pensionierung wieder gezogen ist. Die Einkäufe, die sie nun wieder für ihn erledigt, stellt sie dort nur auf dem Treppenabsatz ab. Durch die Haustür tritt sie nie. Sie ahnt, wie es dahinter aussieht. Der Geruch, der schon vor der Tür in der Luft hängt, vermittelt ihr eine gute Vorstellung davon, was sie im Haus erwarten würde. Sie hat keinen Zweifel mehr, dass ihr Vater an einer mittlerweile vieldiskutierten Störung leidet, dass er ein Messie ist. Das deutete sich bereits an, als sie noch zu dritt beisammenwohnten, Mutter, Vater und Kind. Schon damals konnte er kaum etwas wegwerfen. Man musste Dinge hinter seinem Rücken aus dem Haus schaffen. Nun lebt er von anderen ungestört mit Altpapierbergen, Zettelbergen, Aluminiumpapierchen, übereinandergestapelten Eierkartons, unzählbaren Kronkorken und allem, was je seinen Weg ins Haus fand, von kleinsten Schräubchen bis zu längst defekten Fernsehapparaten. Kerstin weiß, dass es in Walter Alberts Haus keinen Stuhl gibt, auf den man sich setzen könnte. Jede Oberfläche ist dort belegte Ablage geworden. Kerstin weiß, dass man kaum einen Pfad durch die Habseligkeitshalden im Haus findet und dass auch der normale Schlafplatz, das Bett, mit Zeitungen und Kartons überhäuft ist. Überall liegen Kleidungsstücke, unausgepackt. Zum regelmäßigen Gebrauch begnügt Walter Albert sich mit einigen wenigen Teilen. Er riecht permanent ungewaschen. Die neuen Hemden etwa, die er sich von seiner Tochter kaufen lässt oder die sie unaufgefordert als Hinweis auf die dringend nötige Änderung seiner Aufmachung mitbringt, werden originalverpackt auf einen der Haufen geschichtet. »Als ich die ersten Male noch zusammen mit ihm zum Einkaufen fuhr, habe ich im Auto immer das Fenster heruntergekurbelt«, umschreibt sie das Hygieneproblem des Vaters. Sie bemüht sich um einen sachlichen Blick auf dieses aus den Fugen geratene Leben. Sie weiß, dass sie es nicht von außen wieder richten kann. Das macht ihr den Umgang mit dem Vater aber nicht leichter, eher schwerer. Kerstin ist nüchterne Pragmatik nicht wirklich gegeben. Sie nagt an Problemen herum.

Mittlerweile ist sie überzeugt davon, dass auch in der Seele ihres Vaters der längst vergangene Krieg sein Unwesen treibt, dass das nicht nur ein wohlfeiles Argument im Verletzungswettbewerb mit Veronika war. »Er kann nichts wegwerfen, weil er erlebt hat, wie es war, als man im Krieg nichts hatte«, legt sie sich Walters beschwerliches Lückenfinden in der selbstverursachten Müllverklumpung zurecht. Für Walter, das weiß sie, ist nichts im Haus Müll. Alles könnte irgendwann doch noch einmal eine Verwendung haben, in allem schlummert ein mehr oder weniger ferner Zweck. In seiner eigenen abgeschlossenen Welt funktioniert Walter Albert.

Er ist der Meister des Unüberblickbaren. Bald, so beteuert er, werde er alles sortiert haben. Trotzdem ist es sein Bestreben, seine Welt des für andere Nutzlosen vor den Blicken dieser anderen zu schützen. Er will nicht hören, was sie davon halten. Auch Walter ist eher ein Schweiger. Er redet nicht über das, was ihn beschwert. Die Sprache seiner Seele ist seine Lebensweise. Die krasse Symbolik müsste ihm eigentlich selbst auffallen: Was er für seine Habseligkeiten reklamiert, das reklamiert er auch für sich und ungewollt für Veronika gleich mit, dass das scheinbar Kaputte, Verlorengegangene, am falschen Ort zur falschen Zeit Gelandete den Moment der Sinnfindung noch vor sich hat.

Vor kurzem jedoch hat Kerstins Tante Walter in seinem Blut liegend zwischen all seinem Kram entdeckt. Er war gestürzt und hatte sich an der Glasscheibe eines Bilderrahmens verletzt. Wahrscheinlich konnte er sich einer chronischen Malaise wegen nicht wieder aufrichten. Schon lange lebt er mit einer nie versorgten gebrochenen Kniescheibe. Er lag etliche Zeit, vielleicht schon mit Gedanken an den Tod, bis man ihn fand. Nun wird er auf der Intensivstation eines Krankenhauses versorgt. Durch das lange Liegen, durch die Austrocknung arbeiten seine Nieren nicht mehr richtig. Eine Maschine wäscht jetzt sein Blut. Über seine Schmerzen schweigt er. Als Kerstin Albert ihn im Krankenhaus besucht, mahnt er, als er ihren entsetzten Gesichtsausdruck sieht: »Du musst lächeln!« Kerstin Albert gehen dafür allmählich die Kräfte aus. Wenn sie die Dialyse-Maschine anschaut, wünscht sie sich, es gäbe einen Apparat, der Schmutz und Gift und Leiden aus den Seelen waschen kann. Aber sie weiß auch, zu ihren Lebzeiten wird so eine Maschine nicht mehr erfunden werden.

Angst

Wie Dagmar Hennings durch die Hölle geht, wenn ihr Sohn im Einsatz in Afghanistan ist. Und wie sie glaubt, dass dieser für viele so ferne Krieg noch lange bei uns sein wird, auch wenn er irgendwann ein Ende gefunden haben wird.

Dagmar Hennings ist gerade mit dem Auto unterwegs, als die Nachrichten eine nicht mehr ganz und gar ungewöhnliche Meldung bringen. Es hat einen deutschen Toten in Afghanistan gegeben. Dagmar Hennings beginnt zu zittern, Tränen laufen ihr über das Gesicht, ihre Atmung wird seltsam unruhig, sie sucht eine Stelle, um rechts herausfahren zu können. Sie merkt, dass sie »nicht mehr richtig funktioniert«, und versucht, sich zu beruhigen und ihren Verstand wieder einzuschalten. Tief durchatmen. Beschwör hier nichts herauf, was gar nicht geschehen ist, sagt sie sich. Es gelingt ihr nicht sofort, die immer wiederkehrende furchtbare Ahnung zu verdrängen. Die Ahnung, der Tote könne ihr Sohn sein.

Ihr Verstand beginnt damit, Barrieren gegen die Panik zu errichten. Das Befürchtete ist unmöglich, erklärt er ihr. Du hörst nicht zum ersten Mal die Nachricht im Radio, dass ein deutscher Soldat in Afghanistan gefallen ist, und wirst danach vom Tod deines Sohnes verständigt. Der Dienstweg für die ultimative Katastrophe ist ein ganz anderer, sagt sich Dagmar Hennings auch an diesem Abend immer wieder. Die Militärs kappen die Leitungen in Afghanistan, wenn es ein deutsches Opfer gibt, haben sie ihr und den anderen Verwandten der jungen Soldaten bei den Betreuungstagen erklärt. Damit niemand außer den offiziellen Dienststellen hinaustelefonieren kann aus dem Land am Hindukusch. Vor allen anderen sollen die Angehörigen die traurige Nachricht erhalten. So hat sie es gelernt im Familienbetreuungszentrum der Bundeswehr.

An diesem Tag hat niemand versucht, Dagmar Hennings zu erreichen. Sie bemüht sich, ruhig zu bleiben. Aber auch in diesem Moment, wie immer wieder einmal in den letzten Monaten, versagen ihre Abwehrkräfte. Vielleicht lag ja das Mobiltelefon so, dass ich es nicht hören konnte, begehrt da eine Unruhe gegen die Stimme der Vernunft auf. Vielleicht war das Handy aus Versehen auf leise gestellt. Vielleicht war ich abgelenkt, denkt sie.

Die Hände von Dagmar Hennings zittern so, dass sie im geparkten Auto viel länger als sonst braucht, um das Mobiltelefon aus der Handtasche zu kramen. Der Moment, bis der kleine Bildschirm aufleuchtet und seine Informationen preisgibt, ist geprägt von nackter Angst. Aber das Display zeigt keinen Anruf in Abwesenheit. Nur langsam fällt die Anspannung von Dagmar ab. Es braucht noch eine ganze Weile, bis sie die Fahrt nach Hause fortsetzen kann.

Dagmar Hennings ist eine Soldatenmutter. Der Ausdruck klingt antiquiert und fast ein wenig martialisch, aber er beschreibt doch genau eine Facette des Lebens, die den meisten Deutschen als rein historisch galt. Nach dem Zweiten Weltkrieg gab es lange Zeit keine Mütter mehr, die um das Leben ihrer Kinder fürchten mussten, die als Soldaten in einen Krieg zogen. Doch seit dem Jahr 2001 gibt es diese Angst in Deutschland wieder. Die Bundeswehr ist aufgrund eines Bundestagsbeschlusses vom Dezember 2001 im Einsatz in Afghanistan. Sie hat dort keinen Kampfauftrag. Ihr Mandat definiert einen Stabilisierungseinsatz. Die Bundeswehr soll friedensfördernde Maßnahmen unterstützen. Das klingt alles eher ungefährlich, hat mit der Realität aber längst kaum noch etwas zu tun. Die Bundeswehr wird von den Talibankämpfern als Besatzungsarmee definiert und attackiert. Immer wieder sterben dabei Soldaten – im Gefecht, bei Selbstmordanschlägen oder bei Unfällen, bei Hubschrauberabstürzen beispielsweise. Bis heute haben über fünfzig deutsche Soldaten im Afghanistan-Einsatz ihr Leben gelassen.

Rund 4500 deutsche Männer und Frauen verrichten im Rahmen eines NATO-Einsatzes ständig Dienst am Hindukusch. Der Tod im Krieg hat sich wieder in den Alltag der Nation geschlichen, auch wenn das viele nicht direkt betroffene Deutsche so wenig wahrhaben wollen, wie es die Politiker einzugestehen bereit sind. Aber Mütter, Väter, Ehepartner und Kinder haben nun wieder Kinder, Enkel, Eltern und Geschwister, die erfahren, welche Wucht, welche Grausamkeit, welche Überforderung der Seele hinter dem Begriff Krieg stecken.

Hierzulande mochte man sich erst nicht vorstellen, dass Deutschland wieder mit Krieg in Berührung kommen könnte. Dann wollte man glauben, es gäbe so etwas wie einen sauberen Krieg, den perfekt durchgeplanten Einsatz, bei dem die pro forma bewaffnete Friedensmission dank gezielter Schläge gegen ihre wenigen Opponenten geschützt würde. Doch der Einsatz läuft nicht nach Plan. Nun ist das Staunen groß und der Hang zum Wegschauen immer noch stark: Das Maß der militärischen Verwicklung geht weit über gefahrloses Patrouillefahren hinaus. Die deutschen Soldaten werden in Fallen gelockt und attackiert, nicht nur mit Bomben aus dem Hinterhalt. Sie geraten in Gefechtssituationen in unübersichtlichem Gelände, sie agieren auf einem Terrain, auf dem Freund, Feind und Unbeteiligte nicht immer leicht zu unterscheiden sind. Und so kommt es auch zu Gewalt gegen die einheimische Bevölkerung, zu Opfern unter der Zivilbevölkerung. Manche Reaktion in der deutschen Öffentlichkeit scheint in ihrer Fassungslosigkeit oder in ihrem professionellen Kleinreden unglaublich absurd. Man denkt manchmal, sie käme aus einem Land, in dem die letzten Erfahrungen mit Kriegen Jahrhunderte zurückliegen, in dem es keine Familienüberlieferungen zum wahren Gesicht des Krieges gibt. Wo es doch gerade in Deutschland kaum eine Familie gibt, die ohne Erfahrung von Gewalt, Not oder Verlust durch die Zeit des Zweiten Weltkriegs gekommen ist. Dieser unter Schmerzen und Grauen für die halbe Welt errungene Erfahrungsschatz scheint bereits verschüttet – oder wird jedenfalls nicht abgerufen, wenn es um die Betrachtung der Gegenwart geht.

Deutschland hat einen bemerkenswerten Spagat geschafft: sich einerseits im Bewusstsein von der Wirklichkeit des Krieges sehr weit zu distanzieren und gleichzeitig in einen hineinzugeraten. Es gehört inzwischen zu den erwähnenswerten Besonderheiten, wenn ein Verteidigungsminister ins Amt kommt, der seinen Wehrdienst absolviert hat. Und es wachsen Generationen von jungen Männern heran, für die es keine Wehrpflicht mehr gibt.

Wenn man gewisse Begriffe nicht ausspricht, bleibt einem auch das fern, was sie benennen. Diesem Irrglauben wollen einige noch immer anhängen. Sie vermeiden das Wort Krieg, sie halten an Ersatzbegriffen fest. Seit es Tote gibt, ist das ein schwieriges Unterfangen, denn um einen anderen Begriff lässt sich nun nicht länger herumreden – einen Begriff, den man längst der Welt der Großväter und Urgroßväter zugerechnet hatte: Es gibt wieder Gefallene. Die Trauerfeiern mit militärischen Ehren werden inzwischen live im öffentlich-rechtlichen Fernsehen übertragen. Der jeweils aktuelle Verteidigungsminister kondoliert, die Bundeskanzlerin spricht den Angehörigen in diesem Rahmen öffentlich ihr Mitgefühl aus. Misstrauische würden den Satz ein wenig umstellen und sagen, sie spreche in diesem Rahmen ihr öffentliches Mitgefühl aus. Es gibt wieder Veteranentreffen, aber zu denen kommen nun junge Männer, die kaum älter als zwanzig, dreißig Jahre sind. Es gibt wieder Soldatenwitwen und Kriegswaisen und Kriegsversehrte. Sie sind die direkt Betroffenen eines Krieges, den die Mehrheit ihrer Mitbürger inzwischen ablehnt. Nur noch 26 Prozent der Deutschen wollen den Einsatz fortgesetzt sehen. Für Mütter wie Dagmar Hennings macht es das noch ein bisschen schwerer, gehört zu werden.

Seit vier Jahren lebt sie mit der dauernden Angst und drohenden Vorstellung, ihr Sohn Stefan werde wieder nach Afghanistan abkommandiert. Das ist kein gelegentlicher Gedanke, das ist eine dunkle Wolke über jeder Stunde jedes Tages. Sie hängt nur manchmal tiefer oder weniger tief. Als Stefan das erste Mal nach Afghanistan kam, dachte sie noch, es werde die Mitmenschen interessieren, dass ihr Sohn zu denen gehört, die unter Gefahr für das eigene Leben einen Auftrag der gesamten Gesellschaft ausführen. Sie hat lernen müssen, dass das kaum jemanden interessierte. Manchmal sagten die Menschen, statt nur mit der Achsel zu zucken, auch Dinge wie: »Na, wenn er das will.«

Stefan Hennings will nicht. Er muss. Wobei dieses Muss nicht nur dem Einsatzbefehl geschuldet ist. Sein Selbstverständnis als Berufssoldat besagt: »Kneifen gilt nicht.« Sein Pflichtbewusstsein fasst er in einem einfachen Bild zusammen. Ein Bäcker könne ja auch nicht einfach sagen: »Ich backe nur Torten. Auf frühes Aufstehen und Brötchenbacken habe ich keine Lust.« Über den politischen Rahmen des Einsatzes mag Stefan nicht diskutieren. »Wir gehen, weil die

Politik es so entschieden hat«, sagt er. Über die Sinnhaftigkeit der Mission am Hindukusch sollen und müssen seiner Meinung nach andere urteilen.

Dagmar Hennings kann diese Haltung ihres Sohnes kaum jemandem vermitteln; nicht, weil man sie nicht nachvollziehen könnte, sondern weil es gar nicht erst so weit kommt. Kaum jemand will zuhören. Umso mehr freut es sie, dass die Kioskbetreiberin, bei der sie regelmäßig Zeitschriften kauft, manchmal nachfragt, wie es ihrem Sohn gehe. Daraus ergeben sich keine tiefgründigen Gespräche. Aber Dagmar Hennings tut es gut, wenn sie merkt, dass jemand hin und wieder an sie und ihren Sohn denkt. Verzweiflung macht empfänglich.

Vom ersten Einsatz ihres Sohnes hat Dagmar Hennings am Telefon erfahren, aber mit langer Vorlaufzeit. Der damals 27-Jährige erhielt im Sommer den Einsatzbefehl für Kabul. Am 4. Januar des Folgejahres sollte es losgehen. Da blieb viel Zeit, den Abschied zu leben. Seinen Eltern sagte Stefan, er wünsche sich ein »ganz normales Weihnachtsfest«, es könnte ja sein letztes sein. Das klingt nach Henkersmahlzeit unterm Christbaum. Über Angst sprach er nicht. Er redete überhaupt erst einmal wenig. Er war damals der Einzige seiner Einheit in Ostdeutschland, der eine Abordnung nach Afghanistan bekommen hat. »Er hat sich in seiner Gefühlswelt richtig abgekapselt«, beschreibt die Mutter, wie sie Stefan in dieser Phase wahrgenommen hat. Mit dem Schweigenden kann sie über ihre eigene Angst nicht sprechen. Das macht sie wütend.

Heute, nach vielen Gesprächen mit anderen Soldaten, begreift sie, dass ihr Sohn sich ganz auf seine Ausbildung konzentrierte, um so die Ängste aus seinem Leben auszusperren. Einem perfekten Soldaten kann nichts geschehen. Diese Konzentration auf das Handwerk war Stefans Methode, sein

Leben weiter zu beherrschen und sich nicht von fremden Mächten und Gewalten beherrscht zu fühlen.

Durch die Nachricht von diesem ersten Einsatzbefehl bekommt das Leben des Ehepaars Hennings eine neue Struktur. Es gibt nun die Zeit des Davor, es folgen die Monate des Einsatzes, dann kommt das Danach. Es ist eine Struktur aus sich wiederholenden Mustern. Denn Stefan war bereits zweimal »unten«, wie seine Eltern sagen. »Die Ruhe ist hin, wenn Sie erfahren, dass er wieder wegmuss«, erklärt sein Vater die neue Zeitrechnung der Familie. Gerade befinden sie sich wieder in der Phase des Davor. Sie wissen, dass ein weiterer, dritter Einsatz im Jahr 2013 folgen soll. Denn Stefan ist bei der Luftwaffe, ein Spezialist, der afghanische Soldaten ausbildet.

An der Kühlschranktür der Hennings hängen Grußkarten aus Afghanistan, wie bei anderen Leuten Ansichtskarten aus Florida oder Kitzbühel. Lebenszeichen aus einer anderen Welt, wobei man die Formulierung »Lebenszeichen« hier wohl wörtlich nehmen sollte. Kleine Magneten halten die Karten fest. »Frohe Ostern aus Afghanistan« steht da zu lesen, aber auch »In Afghanistan ist alles doof«. Es sind vorgedruckte Grußkarten, die ihr Sohn in die Eifel geschickt hat – zum Inlandstarif. Denn postalisch ist das Bundeswehrlager in Afghanistan ein Teil von Deutschland. Diese Gebührenordnung beschreibt auch die innere Landkarte Dagmar Hennings'. Auf ihr ist Afghanistan samt allem, was dort geschieht, ganz nah. »Der Krieg ist immer noch unter uns«, bilanziert sie.

Dabei sind sie und ihr Mann der Bundeswehr durchaus zugetan. Für das Ehepaar ist sie kein Fremdkörper, sondern eher so etwas wie Heimat. Dagmars Vater, der als 17-Jähriger in der letzten Phase des Zweiten Weltkriegs noch eingezogen worden war, hat sich später sehr bewusst für eine Laufbahn bei der neugegründeten Bundeswehr entschieden. Der Dienst in Uniform hätte ihn gelockt, doch der gelernte Kaufmann strebte in die Verwaltung. Der aus Danzig stammende Mann wollte seiner Familie in Westdeutschland eine neue, dauerhafte Heimat bieten. Das zum Soldatenleben gehörige ständige Versetztwerden vertrug sich nicht mit seinem Ideal von wiedergefundener Sesshaftigkeit. Unter seinen Cousins aber warb er für die frischgeschaffene Truppe. »Geht zur Bundeswehr«, riet er mehr als einmal. »Das ist eine echte Friedensarmee.« Dagmar Hennings' Vater glaubt an den neuen Staat und dessen pazifistische Grundausrichtung. Von seinen Erlebnissen im Krieg erzählt er wenig, nur, dass Norwegen ein wunderschönes Land sei. Zum vierzigsten Hochzeitstag fährt er mit seiner Frau an die Orte, an denen er als Soldat stationiert war. Der Krieg scheint für ihn eher eine geographische als eine emotionale Erfahrung gewesen zu sein.

Auch Stefans Stiefvater, der die Vaterrolle ganz und gar angenommen hat, war Zeitsoldat – in Friedenszeiten, wie er sagt, in den Jahren 1964 bis 1971. »Da war das ein Beruf wie jeder andere«, kommentiert der heute 67-Jährige. Was Krieg sein könnte, erleben die Soldaten nur als Ahnung bei Übungen und im Manöver. Aber das bleiben trotz der körperlichen Strapazen weitgehend abstrakte Veranstaltungen. Die Vorstellung, dass die beiden Machtblöcke, die sich im Kalten Krieg unversöhnlich gegenüberstehen, einmal zum heißen Gefecht auf deutschem und polnischem Territorium schreiten könnten, verdrängen die Männer. Stefans Stiefvater vertraut auf das Prinzip der Abschreckung, so wie das ganze Land. Echter Krieg ist ein Kapitel im Geschichtsbuch.

Auch Dagmar Hennings, die ihren zweiten Mann bei einer seiner Wehrübungen kennenlernt, wird nicht bis in den

Schlaf von dem Gedanken verfolgt, dass sie als zivile Angestellte des Bundesverteidigungsministeriums zu jenen 3000 Staatsbediensteten gehört, die sich im Falle eines Krieges im Regierungsbunker einfinden sollen – ohne ihre Familien. »Die Kriegsszenerie war immer um uns rum«, sagt sie und meint damit, die Allgegenwart des Bedrohungsszenarios habe es letztlich nur umso theoretischer wirken lassen. »Ich fühlte mich so sicher wie in Abrahams Schoß.« Die Bundeswehr war für sie ein Garant, dass die Bundeswehr nicht gebraucht würde. Was sie damit anspricht, ist das Zusammengehörigkeitsgefühl in einer Welt, die nach eigenen Gesetzen funktioniert, unter anderem nach dem Paradoxon, dass das Militär dadurch überflüssig bleibt, dass es das Militär gibt. Aufrüstung der Abschreckung wegen. »Wir haben einfach ein Gottvertrauen gehabt«, sagt Dagmar Hennings heute.

Dieses Vertrauen treibt nun spät groteske Blüten. Als die beiden Ehepartner anlässlich des Einsatzes ihres Sohnes zum ersten Termin der Familienbetreuung fahren und die Kontrollen hinter sich bringen, schauen sie einander an und gestehen sich fast erleichtert gegenseitig: »Wir sind wieder zu Hause.« Trotz des ernsten Anlasses empfinden sie für einen Augenblick ein Gefühl der Geborgenheit. Neben jenem Häuschen im Windschatten von Bahnstrecke und vierspuriger Bundesstraße, in dem sie seit Jahrzehnten wohnen, ist die Bundeswehr eben das – ihr Zuhause. Sie ist in den Assoziationen des Ehepaars fest verknüpft mit Verlässlichkeit und dem wirtschaftlichen Aufstieg nach dem Krieg. Alle in der Familie haben hier ihr Auskommen gefunden. Dagmar kann die Abzeichen an den Uniformen lesen und zuordnen. Der Ton, der hier herrscht, und die Regeln, die hier gelten, sind ihr vertraut. Ginge es nicht auch um das Leben ihres Sohnes, sie käme gern und oft in Kasernen und Verwaltungsgebäude der Bundeswehr. Aber diesmal hält das Gefühl der Heimkehr nicht lange an, nur ein paar Augenblicke, dann kehrt die Unruhe zurück. Die macht sich an vielem fest.

Ist es normal, fragt sich Dagmar Hennings, dass das Testament ihres Sohnes, seine Patientenverfügung und seine Vorsorgevollmacht bei ihr im Schrank liegen? Sollte es nicht anders herum sein? Bewahren nicht für gewöhnlich erwachsene Kinder diese Papiere für ihre Eltern auf, um im Notfall handeln zu können? »Es ist eine seltsame Erfahrung, dass sich das nun alles umdreht«, sagt sie. Denn mit einem Mal hat ihr der einzige Sohn vieles voraus, auch eine besondere Art Lebenserfahrung, eine, die mit der Nähe des Todes zu tun hat. Dagmar hält oft inne und denkt: »Das ist doch eine verkehrte Welt.«

Das »normale« Weihnachtsfest, das Stefan sich vor Antritt seiner ersten Mission gewünscht hat, konnte nicht normal und unbefangen verlaufen. Dagmar Hennings hat sich bemüht. Es wurde trotzdem ein Fest unter Tränen, eine Vorschau dessen, was auf Dagmar an emotionalen Ausnahmezuständen noch zukommen sollte. Die Sorgenattacke im Auto, auf dem Heimweg von der Arbeit, war kein Einzelfall. Einmal stand sie im Bad, machte sich fertig für den Tag – und dachte dabei an die Beerdigung ihres Sohnes. Ihr kam es plötzlich vor, als läge sie für einen letzten Gang an seinen Sarg Make-up auf und zöge sich die Lippen für die Stunde in der Friedhofskapelle nach. Wie würde ich diesen letzten Abschied eigentlich organisieren? Der Gedanke durchzuckte sie damals aus heiterem Himmel. Über sich selbst erschrocken, schob sie ihn sofort aus dem Reich der Tagträume ins Unterbewusstsein zurück. Aber einmal mehr ist ihr in diesem Moment klargeworden: Der Tod ihres Sohnes ist nun eine nicht mehr unwahrscheinliche Möglichkeit in ihrem Leben.

Wenn im Fernsehen die Trauerfeier für einen Soldaten übertragen wird, schaut Dagmar Hennings zu. Jedes Mal. Aus Respekt gegenüber den Gefallenen, sagt sie, das sei man ihnen schuldig. Sie weiß, dass da etwas in ihr irrationale Aufrechnungen betreibt, vor ihrem Wachverstand die Hoffnung versteckt, das schwerste Schicksal werde jene verschonen, die sich schon der Trauer der anderen gestellt haben.

Manche Dinge muss man jedoch selbst erleben, um sie zu verstehen, davon sind ihr Mann und sie überzeugt. Sie haben das Gefühl, auf einem Weg zu gehen, auf dem sie manchmal nicht einmal einander haben. »Wir leiden unterschiedlich«, sagt Dagmar Hennings. »Mein Mann leidet doppelt. Er hat Angst um seinen Sohn, und er hat Angst um mich.« Hans Hennings ist keiner, der sein Herz auf der Zunge trägt. Aber dass die Abwesenheit seines Sohnes auch diesen zurückhaltenden Mann beutelt, ist deutlich zu spüren. »Man kann nicht schlafen, man ist aggressiv, mal will man reden und mal nicht«, erklärt er. »Man lebt ja nur von Tag zu Tag. Das ist anstrengend. Man muss ständig gegen seine Angst ankämpfen.« Aber die Hennings wissen auch, dass es afghanistanfreie Zonen in ihrem Leben geben muss. »Sie werden ja verrückt, wenn Sie 24 Stunden am Tag daran denken, dass Ihr Sohn im Krieg ist. Das geht doch nicht!« Auch wenn in ihrem Kopf die Gedanken wilde Pirouetten drehen, bemühen sie sich, mit Freunden nicht nur von Afghanistan zu sprechen. »Sonst schalten die Menschen ab. Dann wird man ja einsam, weil man nicht mehr eingeladen wird.«

Grundsätzlich aber ist Hinschauen für Stefans Eltern die beste Therapie. Mit den Realitäten zu leben, begreifen sie, ist besser, als vom Nichtwissen beunruhigt zu werden. »Ich spürte, da ist sonst etwas in mir, was mich krank macht«, sagt Dagmar. Schon im letzten halben Jahr vor Stefans erster Abreise schaut sie sich alle Fernsehdokumentationen zum Thema an. Sie liest viel über Afghanistan und den Einsatz der NATO-Truppen dort. Sie will erfahren, wie es in dem fernen Land aussieht, wie die Menschen dort leben, wie die politischen Verhältnisse sind, welche Rolle die Stämme spielen, was die Menschen essen. »Ich bin auch fasziniert von alldem«, gibt sie zu. Es interessiert sie, wie es um die Frauenrechte steht und wie korrupt das System wirklich ist. Sie will wissen, was dieser Einsatz bezwecken soll und was er tatsächlich bewirkt.

Das erste Treffen im Familienbetreuungszentrum der Bundeswehr besucht sie einen Monat, bevor ihr Sohn ins Feldlager kommt. Üblich ist das eigentlich erst, wenn der Einsatz begonnen hat. Aber man heißt sie willkommen. Sie trifft dort auf Soldaten, die erst zwei Tage zuvor aus Afghanistan zurückgekehrt sind und ihr viel erzählen können. Sie saugt das Gehörte förmlich auf und bedankt sich bei den Männern für deren Offenheit. Die Antwort lässt sie stutzen. »Es hört uns ja sonst niemand zu«, sagen die Veteranen – und dass es wichtig sei, sich die Erlebnisse von der Seele reden zu können. »Es interessiert doch niemanden, was wir während dieses Einsatzes erleben.«

Dagmar Hennings ist das genaue Gegenteil der Desinteressierten. Sie will gewappnet sein. Aber nicht, weil sie sich in dieser Rolle der Soldatenmutter gefällt. »Ich will nicht in dieser Angst leben. Ich will eigentlich ein schönes Leben«, sagt sie. Doch dafür müsste sie verdrängen. Das passt nicht zu ihr. Die 53-Jährige sagt: »Mütter lassen sich nicht scheiden von ihren Kindern. Ich kann diese Beziehung nicht hinter mir lassen.« Sie will zu ihrem Sohn halten. Dafür aber muss sie das »Dahinter«, wie sie die Zusammenhänge nennt, verstehen. Das geht so weit, dass sie sich eine aus über tausend Einzelbildern bestehende Fotostrecke ansieht, die eine Patrouillenfahrt ihres Sohnes dokumentiert. Sie hat mit seinen Augen aus der Sichtluke die Straße und das Gelände auf mögliche Gefahren abgesucht. »Ich bin mit ihm diesen Weg abgefahren«, sagt sie. Dennoch weiß sie, dass sie nur in Ansätzen begreifen kann, was sich wirklich abspielt in Afghanistan.

Die beste Unterstützung für die Soldaten seien Menschen, die die Hoheit über ihr Leben behielten, hat ihr eine Ärztin in der psychiatrischen Klinik erklärt, in der Dagmar Hennings inzwischen arbeitet. Menschen, die handeln und sich nicht treiben lassen, strahlen Stärke aus. Um diese Stärke kämpft Dagmar Hennings und erlebt dabei Siege und Niederlagen. Sie sucht im Internet Foren betroffener Eltern und Soldaten auf. Die Nachrichten von Radio und Zeitungen erträgt sie, wenn ihr Sohn im Einsatz ist. Das Fernsehen meidet sie mittlerweile. »Mit Bildern habe ich meine Schwierigkeiten«, gesteht sie. Und dann fügt sie sehr mutig hinzu: »Vielleicht muss ich dem Ganzen irgendwann einen Sinn geben. Stefan soll ja nicht für nichts im Einsatz sein.« Aber natürlich hofft auch sie wie alle Mütter, dass ihr Sohn »immer zur richtigen Zeit am richtigen Ort ist«. Das ist der Leitspruch der Familie geworden. Mehr erhofft sie nicht vom Schicksal. In den stillen Gesprächen, die Dagmar in Gedanken mit ihrem Sohn führt, sagt dieser ihr auf ihre imaginäre Nachfrage: »Du glaubst gar nicht, wie wichtig das ist.«

Bisher hat er den Mindestabstand zum Unglück immer eingehalten. Wenn auch manchmal nur ganz knapp. Zwei kleine Schutzengelfigürchen, die seine Mutter und seine Tante ihm mitgegeben haben, trägt er abwechselnd bei sich. Er hat es versprochen. Einen in seinem Brustbeutel bei Nacht, den anderen tagsüber. Er begreift, dass der Gedanke, er sei behütet, den beiden Frauen hilft. Das wiederum hilft auch ihm. Für Soldaten sei es das Schlimmste, wenn sie sich Sorgen um ihre Angehörigen zu Hause machen müssten, lautet einer der Merksätze, die man Soldatenfamilien immer wieder ans Herz legt.

Aber nicht jeder Tag ist einer, an dem man tapfer sein kann. Manchmal schafft sich die Angst doch ihren Platz, nistet sich der Gedanke an die Katastrophe ein. Das geschieht auf Umwegen, in verqueren Fällen, in überraschenden Verknüpfungen. Sollen wir das Erdgeschoss renovieren, alle Sachen ausräumen und in Kisten verpacken, wenn Stefan im Kriegseinsatz ist, fragt sich Dagmar Hennings beispielsweise einmal unvermittelt. Und als Nächstes ist der Gedanke im Kopf wie ein Stein, der durch eine Scheibe geworfen wurde: »Wie soll ich eine Beerdigung organisieren, wenn hier alles in Unordnung ist?« Die Angst findet die ungeheuerlichsten Schlupflöcher. Dagmar Hennings versucht, sie immer wieder zu stopfen. Die Hennings beginnen nun erst recht über Ostern mit der Renovierung. Sie stecken mitten in der Arbeit, als ein Bekannter anruft, der gute Kontakte ins Verteidigungsministerium hat.

Er fragt: »Wisst ihr schon was? Es hat einen Toten gegeben. Es ging aber noch nicht über den Äther.«

Dagmar Hennings schreckt auf. Noch hat sich niemand bei ihr gemeldet. Aber sie ist nun nicht mehr in der Lage, weiter Gläser einzupacken. Die Stimmung kippt, plötzlich ist jede weitere Minute des Tages eine des Wartens. Eine des Wartens auf einen Anruf, in dem die Worte »Es tut uns sehr leid« fallen werden. Dagmar Hennings wartet und wartet. Ihr Mann wartet und wartet. Jede Sekunde ist quälend. Und doch ist jede Sekunde auch ein Gewinn, eine weniger innerhalb des erwartbaren Zeitfensters, eine Sekunde näher an dem noch fernen rettenden Ufer der Zuversicht: »Jetzt ist es schon zu lange her. Sie hätten längst angerufen. Stefan wird es wohl nicht gewesen sein.« Vorerst aber sitzen die Soldateneltern auf dem Boden und starren vor sich hin. »In einer solchen Situation kann man sich gegenseitig auch nicht stützen«, beschreibt Dagmar das Gefühl absoluter Trostlosigkeit. Für die Panik, als es einige Zeit nach dem Anruf des Bekannten an der Tür klingelt, hat sie keine passenden Worte. Sie ist sich in diesem Moment sicher, gleich einem Pfarrer, einem Psychologen und einem Dienststellenvorgesetzten gegenüberzustehen. Wie in Zeitlupe, so erinnert sie die folgenden Sekunden, erhebt sie sich. Ihr Mann rührt sich nicht. Vor der Haustür steht – nur eine Nachbarin, die etwas abgeben möchte, Dagmar Hennings weiß später nicht einmal mehr, was es war. Wie in Trance nimmt sie das Gebrachte entgegen, stammelt ein paar Floskeln und schließt mit letzter Kraft die Tür. Niemanden geht ihr Kummer in diesem Augenblick etwas an. Dann liegt das Ehepaar einander in den Armen, die beiden weinen, können ihr Glück nicht fassen, dass kein Todesbote vor der Tür stand, und registrieren doch schon wieder bang, dass noch immer ein wenig Zeit übrig wäre, in der einer kommen könnte. Einer, der erst noch sein Navigationsgerät im frisch eingeparkten Auto ausschalten, sich die Krawatte zurechtrücken, sich kräftig räuspern und dann die paar Schritte zur Tür machen könnte. »Es tut mir sehr leid, aber …« Und so stellt sich Erleichterung erst ein, als das Handy surrt und eine SMS des Sohnes einläuft. »Ich hab euch lieb«, steht da. Das ist der Familiencode für die Meldung nach Hause: »Wir hatten einen Zwischenfall, aber mir ist nichts passiert.«

Es gibt viele Anlässe, an denen Stefan diese Nachricht schicken könnte. Einige davon schaffen es gar nicht erst in die deutschen Nachrichten. Aber das kann er nicht wissen, 5223 Kilometer fern der Heimat. Für seine Eltern bedeutet jede kurze SMS große Erleichterung. Auch wenn ihnen bewusst ist, dass ihr Sohn schon in dem Moment, in dem er die Sendetaste drückt, nicht mehr in einer Zeit nach überstandener Gefahr, sondern bereits wieder in der Zeit vor dem nächsten Anschlag lebt. Und dass nun gerade anderswo eine andere Familie die Nachricht erhält, dass ein Sohn, Ehemann oder Vater nie mehr durch die Tür treten wird. »Man empfindet keine richtige Freude, denn an einem anderen Ort geht gerade alles kaputt.«

Dagmar Hennings schreibt und bekommt lieber Briefe, als dass sie mit Stefan telefoniert. Briefe seien nicht so sehr für den Augenblick gedacht. »Und die Gespräche werden abgehört. Man muss aufpassen, darf keine Ortsnamen nennen«, erklärt sie ihre Ablehnung gegenüber Telefonaten. Briefe hingegen hätten über den Moment des Schreibens hinaus Bestand. Wenn die Situation zu unerträglich wird, kann sie die Zeilen noch einmal zur Hand nehmen und sich einreden, dass es ihrem Sohn noch immer gutgeht, als wäre zwischen ihrem Lesen und dem Schreiben des Briefes keine Zeit vergangen. Eine Hilfskrücke für das Seelenheil. Ihre verbleibende Sorge münzt Dagmar in Fürsorge um und packt Päckchen: Blut- und Leberwurst aus der Eifel, Tütensuppen, Nüsse, Thunfischkonserven und eine CD mit Fotos, die zeigen, wie schön es jetzt im Vorgarten blüht. Die Großmutter, die stolz ist auf das, was ihr Enkel tut, packt ebenfalls Päckchen, und auch sie schreibt Briefe. So eine kleine Warensendung, das wissen die beiden Frauen, wird immer aufgeteilt zwischen den Kameraden. Entsprechend großzügig will gepackt sein. Für die Zeit zwischen den Briefen und Päckchen und den Antworten darauf gilt die Maxime: Wenn man nichts hört, ist alles in Ordnung. Es gab Zeiten, da meldete sich Stefan drei Wochen nicht. Es waren die friedlicheren Phasen in Afghanistan.

Das zweite Weihnachtsfest im Schatten von Stefans Pflichten wird nicht weniger bedrückend als das erste. Diesmal ist der Einsatzbeginn auf ein Datum vor Heiligabend terminiert – auf den 22. Dezember. Geplant ist der Abflug vom Militärflughafen Köln-Wahn nach Usbekistan. Dort Umsteigen vom Airbus in eine Transall-Maschine, die Stefan Hennings und die anderen nach Masar-i-Scharif bringen soll. Von dort soll es weitergehen an den neuen Einsatzort. Aber der Plan funktioniert, wie so viele Pläne in Afghanistan, nicht ganz bis zum Ende. Es gibt keine Maschine ab Masar-i-Scharif. Der Neuankömmling verbringt Heiligabend mit Kameraden, die er gerade erst kennengelernt hat, gestrandet in der viertgrößten Stadt Afghanistans. Er und alle anderen, die für einen Moment Pause haben zwischen Krieg und Frieden, haben Päckchen im Handgepäck, die ihnen ihre Lieben noch zugesteckt haben. Mit diesem kleinen Proviant an Lebkuchen, Schokolade und Erinnerung versuchen sie nun, ein stilles Weihnachtsfest zu improvisieren, eines, das die Umgebung nicht provoziert. Die Gedämpftheit der Stimmung verbindet sie mit ihren Angehörigen zu Hause. Und die wie sie versuchen, das Beste aus der Lage zu machen. Dagmar Hennings hat dafür einen Leitspruch: »Ich versuche, aus Zitronen Limonade zu machen.«

Als Stefan zum ersten Mal nach Afghanistan geht, sieht seine Mutter der Heimkehr wie der reinen Erlösung entgegen. Sie stellt sich mit dem Ende der unmittelbaren Gefahr auch die Wiederkehr der Normalität vor. Inzwischen weiß sie, dass das so einfach nicht funktioniert. Als ihr Sohn nach achteinhalb Monaten in Afghanistan zurückkommt, ist er total verändert. Auch Phase drei der neuen Zeitrechnung, die Zeit danach, müssen die Eltern lernen, hat ihre eigenen Gesetze, Gefahren und Kümmernisse.

Der Sanitätsdienst der Bundeswehr gibt an, dass im Jahr 2009 466 Soldaten wegen posttraumatischer Belastungsstörungen (PTBS) behandelt wurden. Die Zahl der Betroffenen steigt seit Jahren kontinuierlich. Sieben Prozent eines befragten Kontingents, so die Zahlen einer Dissertation, leiden an PTBS. Sie kommen mit den Grausamkeiten nicht klar, die sie erleben mussten. Die Bundeswehr hat deshalb in Potsdam eine zentrale Anlauf- und Behandlungsstelle für die Betroffenen eingerichtet.

Nach seiner ersten Heimkehr schweigt Stefan viel. Nach der zweiten macht er sich Luft. Diesmal nimmt er den Rat einer Ärztin an, die er vor Ort getroffen hat, und entscheidet sich für eine Kur als präventive Maßnahme. Er geht in eine Privatklinik nach Thüringen und leitet seine Energien, die noch in ihm stecken, die aber in der Ruhe des Zuhauses nicht gebraucht werden, in Sport um. Es tut ihm gut, mit einer kleinen, gerade mal zwölfköpfigen Gruppe von Männern zusammen zu sein, die alle wie er im Kriegseinsatz gewesen waren. Sie wissen, wovon er redet, auch wenn er das mit wenigen Worten tut; sie brauchen keine plastischen Schilderungen zur Veranschaulichung. Sie wissen auch, wie es sich anfühlt, wenn er sagt, seine Beziehung habe seinen zweiten Einsatz nicht überstanden. Manche Veteranen kommen mit dem Kriegsalltag und seinen festen Abläufen irgendwann besser klar als mit dem Zivilleben, das ganz andere Entscheidungen von ihnen verlangt und ganz andere Stimmungen und Reaktionsmuster erwartet. Auf ihren Familien und Beziehungen lastet dann ein großer Druck. Es kommt zu Reibereien, etwa mit den Soldatenfrauen, denen in Abwesenheit ihrer Männer gar nichts anderes übrigblieb, als das Familienleben neu zu organisieren. Die Rückkehrer fühlen sich dann nicht nur übergangen. Sie beschleicht das paranoide Gefühl, das Leben sei bereits auf ihren Tod hin organisiert worden, sei so eingerichtet, dass sie nur noch als Zierat dabeisäßen. Für viele Heimkehrer bedeutet es bereits eine enorme Umstellung, nicht ständig im Adrenalinhoch zu sein. Diese Ruhephase nach dem Kampf kostet sie, so kommt es ihnen jedenfalls vor, mehr Kraft als die Zeit im Feldlager. Für die anderen Menschen bleibt zunächst wenig übrig. Manche Heimkehrer scheitern auf Dauer.

Man bekommt unterschiedliche Antworten, wenn man Stefan Hennings' Eltern nach dem Zustand des Sohns bei der ersten Heimkehr befragt. Als »leicht traumatisiert« beschreibt ihn Dagmar. Der Vater befindet: »Er kam total verändert zurück.« Stefan lässt damals niemanden an sich ran, auch nicht die Männer seiner alten Einheit in Mecklenburg-Vorpommern. Die haben nicht erlebt, was er erlebt hat. Er bleibt meist stumm. Sein Verhalten aber deutet auf einen massiven Nachhall der Zeit in Afghanistan hin. Stefan will zum Schlafen nicht mehr in geschlossene Räume gehen. »Ihr wisst nicht, wie gut ihr es habt – ohne Stacheldraht und Sicherungsmauern«, erklärt er immerhin, wenn man ihn darauf anspricht.

Nach der zweiten Heimkehr gibt er bereitwilliger Einblicke in seine Gefühlslage. »Ich weiß ja, wie schnell es vorbei sein kann«, sagt er jetzt oft. Stefan will nicht mehr in die Zukunft planen. In der Wahrnehmung seiner Eltern lebt er jeden Tag so, als wäre es der letzte. Die Frage, ob ihr Sohn an einer posttraumatischen Belastungsstörung leide, beantwortet Dagmar Hennings zurückhaltend. »Ich weiß es nicht. Im Moment würde ich sagen, nein. Aber ich weiß nicht, wie es in einem Jahr oder in drei Jahren ist.« Sie ist vorsichtig geworden mit Aussagen, die Gewissheiten festschreiben wollen. Sie weiß von einem Soldaten, den seine Erlebnisse erst nach fünf

Jahren einholten. Auch aus solchen Geschichten hat sie ihre Feststellung destilliert, der Krieg bleibe noch lange unter uns.

Wie lange er sich aus der Erinnerung bewusst und auch unbewusst abrufen lässt, zeigt das Weihnachtsfest 2010 im Hause Hennings. Stefan ist in Deutschland, und diesmal steht kein Einsatz kurz bevor. Er hat sich ein Fest ohne Geschenke gewünscht. Seine Mutter hat ein paar Geschichten und Texte zusammengestellt, die vom Fest und dem Weihnachtsfrieden handeln. Ein bisschen feierlich sollte es auch ohne Geschenke sein. Es wird ein denkwürdiges Fest. Denn plötzlich entspinnt sich ein Gesprächsfaden zwischen der achtzigjährigen Großmutter und ihrem Enkel. Beide erzählen einander von ihrem Krieg. Die alte Dame, die die Flucht von Masuren im Kriegswinter 1944/45 erlebt hat, erinnert sich an den schrecklichen Weg über das zugefrorene Haff. Sie erzählt von den Alten und den Frauen, die ihre toten Kinder am Wegrand zurücklassen mussten, weil weder Zeit blieb, sie in ein Grab zu legen, noch der hartgefrorene Boden eines angenommen hätte. Sie erzählt von Verzweifelten, die kein Zuhause mehr hatten und nicht wussten, wie es weitergehen sollte.

Stefan erzählt ebenfalls von Menschen, die in Angst leben und ihrer Lebensgrundlage beraubt sind. Er hat Kinder gesehen, die bei Minusgraden nur in luftigen Schlappen und ohne Socken unterwegs waren. Auch er hat Bilder von Flüchtlingen vor Augen, die nichts mehr haben und nicht wissen, wohin. Zwischen beiden Kriegen liegen 65 Jahre. Aber ihr Grauen haben Großmutter und Enkel ähnlich erfahren. Dagmar und Hans Hennings, die in den Friedensdekaden der Bundesrepublik aufgewachsenen Vertreter der Generation dazwischen, sitzen schweigend am Tisch. »Wir konnten nicht mitreden, wir konnten nur zuhören.« Die Geschichten der Großmutter allerdings sind mittlerweile historisch, so weit ihre Folgen in die Gegenwart hineinreichen mögen. Für die Geschichten von Stefan aber gilt: Nach dem Einsatz ist vor dem Einsatz.

Mein herzlicher Dank geht an die vielen Menschen, die mir ihre Geschichte anvertraut haben. Ob nun für dieses Buch oder in Gesprächen, die mir geholfen haben, zu verstehen.

Ihre Namen habe ich – außer in den Kapiteln »Verlust« und »Schuld« – geändert.

Dank auch an die geduldigen Drei: Bettina Eltner vom Ullstein Verlag, die mir immer wieder die nötige Zeit gegeben hat; Heike Gronemeier, die den Text behutsam betreut hat und an Barbara Wenner, meine Agentin, die es auch nicht immer leicht hatte.

Und Dank natürlich auch an den Geduldigsten von allen.

ISBN 978-3-550-08853-7
2012 by Ullstein Buchverlage GmbH, Berlin

Lektorat: Heike Gronemeier
Gesetzt aus der Janson
Satz: LVD GmbH, Berlin
Druck und Bindearbeiten: Friedrich Pustet KG, Regensburg
Printed in Germany